Friedrich Jantzen

HOLZSPIELZEUG ZUM SELBERMACHEN

F. Englisch Verlag · Wiesbaden

Die Modelle gehen mehr oder weniger auf überlieferte und in irgend einer Weise schon einmal dagewesene Formen zurück.
Sie gehören in den Bereich der Volkskunst und können in diesem Sinne nachgeahmt oder nachgebaut werden.
Eine gewerbliche Verwendung der Vorlagen ist nicht zulässig, da zufällige Ähnlichkeiten zu Mustern bestehen können,
die evtl. bestehende Rechte berühren.

CIP-Kurztitelaufnahme der Deutschen Bibliothek

Jantzen, Friedrich:
Holzspielzeug zum Selbermachen / Friedrich Jantzen.
Wiesbaden: Englisch, 1982.
ISBN 3-88140-117-2

ISBN 3-88140-117-4
© Englisch Verlag, Wiesbaden
Fotos: Friedrich Jantzen
Modelle: Marga Jantzen
Zeichnungen: Heidrun, Marga, Friedrich und Uwe Jantzen
Druck und Bindung: Ernst Uhl, Radolfzell
9283 7465 43 201

Inhalt

Vorwort

Das Werken mit Holz ist eine urtümliche Beschäftigung, und jeder hatte schon einmal damit zu tun, sei es, daß er sich mit dem Taschenmesser einen Stecken zurechtgeschnitzt hat, oder daß er sich etwas zusammengenagelt hat, was sich aus anderem Material nicht herstellen ließ. Die kindliche Freude daran läßt später meist nach, wenn man mit höheren Ansprüchen die hochentwickelten Techniken der Holzbearbeitung anwenden möchte und dabei feststellt, daß man ihnen nicht mehr gewachsen ist.

Es kann daher nicht das Ziel dieses Buches sein, in die umfangreichen Techniken der Schreinerei oder des Kunsthandwerks einzuführen. Die Fachleute auf diesen Gebieten mögen es verstehen, daß wir in diesem Rahmen einige Zugeständnisse machen müssen. Das, was wir hier anbieten, muß für jeden machbar sein, und er soll Freude dabei haben.

Wir können die Perfektion von maschinell vorgearbeiteten Hobbybastelartikeln nicht erreichen. Aber es wird gelingen, Spielzeug zu schaffen, das ganz und gar seinen Zweck erfüllt. Es bereitet bereits Freude, einige Holzbausteine zurechtzusägen und glattzuschleifen. Das Kind wird damit spielen und in seiner Phantasie das daraus machen, was ihm gerade einfällt (Abb. 1). Jeder mag sich aussuchen, was er sich zutraut. Bei den Vorschlägen ist eine allmähliche Steigerung vorgesehen, doch jeweils nur im Rahmen des einfachen Gestaltens. In den Abbildungen sind neben frisch-gefertigten Spielsachen auch solche dargestellt, mit denen bereits gespielt worden ist. Damit wollen wir bekräftigen, daß unser Holzspielzeug auch vom spielenden Kind angenommen wird.

Außerdem ist es denkbar, daß sich ein Erwachsener seine „Spielsachen" aufbewahrt und sich einfach
nur daran freut.

Holzspielsachen haben gegenüber dem mechanischen Spielzeug den großen Vorteil, daß sie nicht
kaputtgehen, jedenfalls sehr viel strapazierfähiger sind, und daß sie zudem vielseitig verwendet werden
können. Das Kind kann damit seine Phantasielandschaft aufbauen, sie verändern, eigene Wünsche
und Ängste ausleben. So tritt viel seltener die Langeweile ein, die die Überfütterung mit Reizen
und automatischen Spielsachen leicht mit sich bringt. Betrachtet man die Kosten von fertigem
Holzspielzeug, wird noch deutlicher, daß sich das Selbermachen lohnt, finanziell und nicht zuletzt als
Gemeinschaftsprojekt der Familie, bei dem auch die Kinder mitwirken können.

Die Modelle wurden von Marga Jantzen aus ihrer früheren Werkstatt zur Verfügung gestellt
oder nach ihren Vorstellungen unter besonderer Mitwirkung von Heidrun und Uwe Jantzen neu
angefertigt. Das Herstellen von Holzspielzeug geschah und geschieht also im Familienkreis und kann
als vergnügliche Familienbeschäftigung weiterempfohlen werden.

Marga Jantzen entwickelte ihren Stil beim Umgang mit Kindern und in einer unverkennbaren
Naturverbundenheit. Zwei Werkstücke stehen auf ihrem Schreibtisch: ein Holzpferdchen und eine
Holzpuppe. Es sind ihre liebsten Stücke. Sie ist nicht müde geworden, in der Maserung des Holzes
die eigentlichen Gestalten zu sehen. Holz aus sich selbst heraus lebendig werden zu lassen, ist ihr
Anliegen, und wir wollen es als Leitmotiv für das ganze Buch verstanden wissen. Darum ist
dem Geist des Holzes auch ein ausführliches Kapitel gewidmet. Es führt den Leser zwar nicht sofort
zum Spielzeug, aber es ist unerläßlich, um eine Beziehung zum Holz zu bekommen.

Die Arbeiten lassen sich ausschließlich mit Handwerkszeug herstellen. Das ist kein Widerspruch
zu den heute üblichen Ausstattungen mit Heimwerkermaschinen. Das Gefühl für die Holzbearbeitung bekommt man nur bei der Handarbeit. Auch wenn man gute Maschinen besitzt, sollte man
dies zu begreifen versuchen, denn „begreifen" kann man nur mit den Händen. So entwickelt sich
eine engere Beziehung zum Werkstoff und zum Werkstück. Handarbeit ist deshalb weder
altmodisch noch überholt.

Wenn man in Handarbeit etwas geschaffen hat, kann man sich immer noch dazu entschließen,
sich die Arbeit durch Maschinen zu erleichtern. Leisten, die wir zur Handarbeit fertig kaufen müssen,
können wir z. B. auf einer kleinen Tischkreissäge leicht selbst in den benötigten Maßen zuschneiden.
Auch eine kleine Drehbank erleichtert vieles, was wir sonst durch Feilen mühsam herstellen müssen.
Es ist allerdings nicht die Aufgabe dieses Buches, den Umgang mit Heimwerkermaschinen zu lehren.
Dazu mag der Leser an anderer Stelle Rat suchen, falls er ihn benötigt.

Abb. 1: Bunte Bausteine mit einem Aufbewahrungssäckchen vor einer Kinderzeichnung „Baumhaus".

9

Lebendes Holz

Holz ist ein natürlicher Werkstoff, der seit Urzeiten verwendet wird.
Er stammt von den mächtigsten Pflanzen, die auf der Erde existieren.
Wir besitzen eine instinktive Ehrfurcht vor diesen meist viele
Menschengenerationen überdauernden Lebewesen. Auch ist das Holz eines
gefällten Baumes nicht „tot" — es „arbeitet" noch, wenn es längst zu einem
Werkstück verarbeitet worden ist.

Geist des Baumes

Bäume sind viel größer als Menschen. Sie sind „stark" und schwer bezwingbar. Kein Wunder also, daß in Sagen und Märchen eine gewisse Furcht vor den Geistern der Bäume oder in den Bäumen zum Ausdruck kommt.

Baumkult

Früher gab es einen regelrechten Baumkult. Im Aberglauben waren Bäume oder Teile von ihnen für das Leben des Menschen von großer Bedeutung. Ob ein Lebensbaum symbolisch für das Leben eines Menschen stand, oder ob man aus Bäumen Geister oder Götzen machte, läuft immer wieder darauf hinaus, daß man den Baum als ein übermächtiges, den Menschen überlegenes Wesen ansah.
Aus der Edda erfahren wir, welche Bedeutung die Weltesche Yggdrasil im germanischen Kulturbereich hatte. Der immergrüne Baum verband die Welt der Menschen mit dem Reich der Götter, aber auch dem der Riesen und Zwerge sowie das All überhaupt. Unter der Weltesche saßen die Nornen, und die Götter sprachen das Recht. Aus ihren Wurzeln entsprangen drei Quellen.
Die eine führt das Wasser des Urwerdens, die zweite ist die Quelle des Wissens um die Geheimnisse der Urzeit und des göttlichen Gedächtnisses, der dritten entströmt das Wasser des Schicksals.
In dem Baum wohnen etliche Tiere, die symbolisch für das Weltgeschehen stehen und es ablaufen lassen. Vier Hirsche fressen von dem Baum die Knospen = Stunden, die Blüten = Tage und die Zweige = Jahreszeiten.

Ein germanischer Götterbaum war auch die Eiche. Besonders mächtige, alte Eichen standen symbolisch für Kraft und Festigkeit. Die knorrigen Bäume haben Gesichter, die sie als Geisterbäume auszeichnen. Es gab schon immer alte und mächtige Eichen, die allein standen und besondere Verehrung erfuhren. Wenn im Durchschnitt die Eiche 500 Jahre alt werden kann, so erreicht sie unter günstigen Bedingungen — das ist häufig bei Einzelbäumen der Fall — ein Alter von maximal 2000 Jahren. Solche Eichen waren dem Gott Donar oder Thor geweiht. Nur er durfte sie mit seinem Hammer, also dem Blitzstrahl, fällen. Für die alten Germanen mußte es damals eine unglaubliche Tat gewesen sein, als Bonifatius im Jahre 725 die heilige Eiche in Geismar fällte, ohne dafür von Thor bestraft zu werden. So wurde dieses Ereignis in der Geschichte der Christianisierung bedeutungsvoll, weil dadurch die Macht der heidnischen Götter gebrochen zu sein schien.
Dennoch behielt die Eiche bis zum heutigen Tag ihre Wertschätzung. Mit Eichenlaub bekränzten unsere Vorfahren den Sieger im Kampfe. Die Symbolik dieses Brauches ist immer noch gültig.
Da in Verbindung mit der Eiche eine ganze Reihe heidnischer Bräuche existierte, die auch nach der Fällung der Eiche von Geismar erhalten blieb, versuchte die Kirche, sie als Hexenbräuche hinzustellen, was sich ebenfalls im Brauchtum noch bis in die jüngste Vergangenheit erhalten hat.

Besonderer Beliebtheit erfreute sich bei unseren Vorfahren die Linde. Sie war der Göttin der
Fruchtbarkeit — der Frigga — geweiht. Man pflanzte sie daher auch stets in den Dörfern an. Dort
umrahmten die Linden den Platz, an dem sich die jungen Leute trafen und auch ihre erste Liebe
entdeckten. In die Rinde schnitt man gern Namen und Zeichen als Sinnbild für die glückliche
Liebe ein. In dem Lied „Am Brunnen vor dem Tore, da steht ein Lindenbaum" ist diesem Brauch
ein Denkmal gesetzt worden. Die herzförmigen Blätter der Linde standen symbolisch für
Herzensangelegenheiten, also die Liebe. Unter der Dorflinde traf man sich zu Tanz und Spiel.
Auch Hochzeiten wurden unter ihr gefeiert. In der Linde wohnten gute Baumgeister. Man
versuchte, sie durch geeignete Sprüche dienstbar zu machen. Auch nach der Einführung des
Christentums blieben alte heidnische Bräuche um die Linde erhalten.

Abb. 2: Im Bergland prägen vom Wind geformte Fichten und abgestorbene Baumteile das Landschaftsbild.

Abb. 3: Die Wurzel
einer umgestürzten
Fichte hat ein „Gesicht".

Die Birke mit ihrem freundlichen Blattgrün und dem weißen Stamm ist ein Sinnbild des Frühlings und des Frohsinns. Das altgermanische Wort „bircha" (= leuchten, glänzen) weist auf die Bedeutung des Namens hin und auch auf die Stellung des Baumes im Volksbrauch. Früher war die Birke auch ein Zauberbaum. Mit Ruten von ihren Zweigen glaubte man in der Zeit zwischen Weihnachten und Neujahr (Wintersonnenwende) böse Geister aus den Ställen und Häusern vertreiben zu können. Man fegte mit ihnen die Stuben, schlug sanft die kranken Tiere, oder ging mit ihnen über die Felder, ehe sie bestellt wurden. Auch stellte man Birken vor die Türen, um böse Geister zu vertreiben, beispielsweise in der Walpurgisnacht. Die Birke fand auch Eingang in christliche Bräuche, und wir kennen sie noch heute als Pfingstmaie oder als Schmuck bei der Fronleichnamsprozession. Die Burschen stellten ihren Mädchen die Birke als Maibaum nachts vor das Fenster. Birkenzweige dienten als Lebensruten. Im Fruchtbarkeitszauber schlug man mit ihnen Tier und Mensch.

In der Bedeutung ähnliche, doch in einer anderen Jahreszeit übliche Bräuche finden wir bei der Fichte. Als Weihnachtsbaum benutzt man sie zwar allgemein erst seit dem 19. Jahrhundert. Doch gehen die Wurzeln der nun christlichen Bräuche auch auf die Geistervertreibung zurück. Typisch ist die Zeit von Weihnachten bis Neujahr, da in den „Zwölf Nächten" (Weihnachten bis Dreikönigstag, 6. Januar) die Geister angeblich besonders umgehen. Mit geschmückten Tannenzweigen (Weihnachtsmaien) versuchte man, die Zimmer und Ställe vor ihnen zu schützen. Auch wurden Fichtenzweige oder kleine Fichten an der Decke aufgehängt. Der geschmückte Weihnachtsbaum ist zu einem heute üblichen Volksbrauch geworden.

Wald

Im Wald fangen die Baumkronen so viel Licht auf, daß es unter ihnen meist recht dunkel ist, besonders im Tannenwald. Man kam sich einsam und verloren vor, wenn man sich im Wald verirrte. Allein schon das Eintreten in den Wald ist wie der Übergang in eine andere Welt. Während man sich auf Feldern und Wiesen groß und stark fühlt, ist man im Wald zwischen den Bäumen ein recht kleines Geschöpf. Wald gibt zwar Geborgenheit; man ist der Umgebung nicht frei ausgeliefert. Aber der Wald bietet jedem Versteck, der in ihn eintritt. So ist man vor Überraschungen nicht sicher und ist wachsamer als gewöhnlich. Man hört auf jedes Geräusch. Es könnte Gefahr bedeuten. Meist ist es aber nur das Rauschen der Baumwipfel.

Baumgestalten

Im Wald ordnet sich die Gestalt eines Baumes dem Ganzen unter. Der Einzelbaum hat wenig Bedeutung. Man beachtet seine Form kaum. Ganz anders ist es mit freistehenden Bäumen. Sie sind Einzelwesen, und jeder besitzt seine eigene Gestalt. Diese ist nicht nur durch die Baumart bedingt, sondern hängt davon ab, wie Wind und Wetter sie geformt haben. Einzelbäume haben Gesicht, und als Gesichter erscheinen sie uns besonders in der Dämmerung. Auch abgestorbene Baumteile prägen noch lange das Landschaftbild, z. B. Reste von verwitternden Kiefern (Abb. 2).

Wurzelfiguren

Die Wurzel der im Sturm umgestürzten Fichte (Abb. 3) hat ein Gesicht. Sie verkörpert den Geist eines unterirdischen Wesens, das plötzlich ans Tageslicht gekommen ist.

Wurzelgesichter

Wenn schon die Baumgestalt über der Erde sagenumwoben ist, so trifft das noch viel mehr für den Teil des Baumes zu, der sich gewöhnlich unsichtbar unter der Erde befindet. Wurzeln und Wurzelteile besitzen auch oft abenteuerliche Gestalten, wenn sie gerodet werden und dann im Gelände verwittern. Gelangen Wurzelteile in Flüsse oder in das Meer, dann werden sie zu Gestalten geschliffen, die unsere Phantasie stark anregen können. Wer einmal bewußt am Strand Treibholz auf Formen untersucht hat, stellt fest, daß es viele geisterhafte Gesichter darunter gibt.

Wurzelschnitzereien

Da die Natur der verwitternden Wurzel bereits geisterhafte Gesichter gegeben hat, ist der Mensch bestrebt, das, was er zu sehen glaubt, noch zu verstärken. So entstehen die bekannten Wurzel-schnitzereien. Kunstvoll wird versucht, den Wesen menschliche Gestalt zu geben. Die abgebildete Figur (Abb. 4) stammt aus Österreich.

Waldspielzeug

Der Wald liefert mit Holz, Rinde, Moos, Früchten und viel anderem eine Fülle von Material, mit dem man gut spielen kann, oder woraus man sich einfachste Spielsachen herstellen kann.

Rübezahl

Die Rübezahlfigur (Abb. 5a) wurde im Stil der Volkskunst des Riesengebirges aus Waldsachen nachgebaut. In groben Umrissen ist die Gestalt des bekannten Berggeistes aus einem flachen Holzstück herausgearbeitet worden. Das Gesicht ist nur andeutungsweise eingeschnitzt; die Arme sind einzeln gefertigt und als Teile angesetzt. Dazu wurde dem Rübezahl eine lange Tabakspfeife aus einem Aststück in die Hand gegeben. Die Hutkrempe ist ein im feuchten Zustand eingepaßtes und geformtes Stück Pappe. Neben der sparsamen Bemalung ist die Figur mit zerriebener Fichten-borke beklebt. Sie ist auf einem mit Moos verkleideten Holzstück befestigt.
Es besteht kein Zweifel, daß man hier mit einfachsten Mitteln dem Berggeist durch die Wald-sachen eine menschliche Gestalt gegeben hat.

Abb. 4: Aus alten
Wurzeln werden gern
Gesichter geschnitzt:
hier eine Figur aus
Österreich.

Abb. 5a: Im Riesengebirge fertigte man Figuren wie den Berggeist Rübezahl aus Material, das der Wald lieferte.

Astholzfiguren

Vielfältige Möglichkeiten bietet Astholz zur Herstellung von Waldspielzeug. Gar manches Holz ist dazu verwertbar. Viele aber wissen, daß sich Haselnußstecken besonders gut schnitzen lassen. Dieses Holz ist recht gleichmäßig gewachsen. Es ist verhältnismäßig weich und splittert wenig. Aus einem daumendicken Ast können wir bereits Puppenfiguren schnitzen, ähnlich denen, die später als Holzspielzeug hergestellt werden sollen (vgl. Abb. 91). In der Abb. 5b ist dargestellt, wie der Puppenkörper aus dem Astholz herausgearbeitet wird. Die schraffierten Teile sind stehengebliebene Rinde, die hellen herausgearbeitetes Holz. Man beginnt am besten mit der Fußkerbe, um sich ein Gefühl für das gleichmäßige Rundschnitzen zu verschaffen. Anschließend wird die Taille ausgearbeitet und zum Schluß der Kopf, den wir einfach rund gestalten können. Augen, Mund und Knöpfe deutet man durch Einkerbungen an. Die weiteren Verzierungen sind Einkerbungen auf der Rinde, die bis in das Holz hinabreichen. Der Hut wird entweder mit in einem Stück an die Puppe geschnitzt, oder man setzt zwei entsprechende Holzstücke mit anderen Durchmessern auf den Kopf. Die Arme arbeitet man aus dünnen Ästchen und befestigt sie durch Ankleben oder Annageln.

Die Puppenstubenmöbel (Abb. 5c) sind aus verschieden großen Astholzscheiben, die man mit der Säge aus getrocknetem Holz geschnitten hat, gefertigt. Als Beine wurden Ästchen in vorgebohrte Löcher eingesetzt. Die Bank fertigt man in gleicher Weise aus einem längs gespaltenen Aststück. Wer viel Geduld hat, kann sich auch einen kleinen „Robinsonstuhl" aus Ästchen mit Bast oder Zwirn zusammenknoten (rechts im Bild).

Die Puppenstube (Abb. 93) ist anders möbliert, aber die Astholzmöbel könnten genau so gut darin stehen.

Das Pferd (Abb. 5d) fertigt man entsprechend der Zeichnung aus einem Aststück, in das man vier Hölzchen als Beine einsetzt. Auch der Schwanz ist ein einfaches Stöckchen, das angeklebt oder angenagelt werden muß. Wenn die Rinde weich genug ist, kann man sie am Ende etwas aufschneiden, um eine Quaste anzudeuten. Der Kopf wird aus einer Astscheibe gefertigt, aus der man die Formen durch Sägen mit der Laubsäge oder durch Schnitzen herausarbeitet. In einen passenden Spalt wird er am Körper befestigt.

Ähnlich wie die Sitzbank baut man den Leiterwagen (Abb. 5e). Die Räder aus Astscheiben erhalten Bohrungen, durch die die Achsen geführt werden können. Damit sie sich drehen, darf das jeweilige Loch nicht zu eng sein. Um ein Abrutschen der Räder zu verhindern, verkeilen wir sie mit Nägelchen.

Die wenigen Beispiele sollen als erste Anregungen verstanden werden, weitere Figuren zu erfinden und aus Astholz zu arbeiten.

Ein beliebtes Spielzeug aus Waldsachen ist das Rindenschiffchen. Auf Abbildung 121 sind einige Modelle zu sehen, und dort steht auch, wie man sie bastelt.

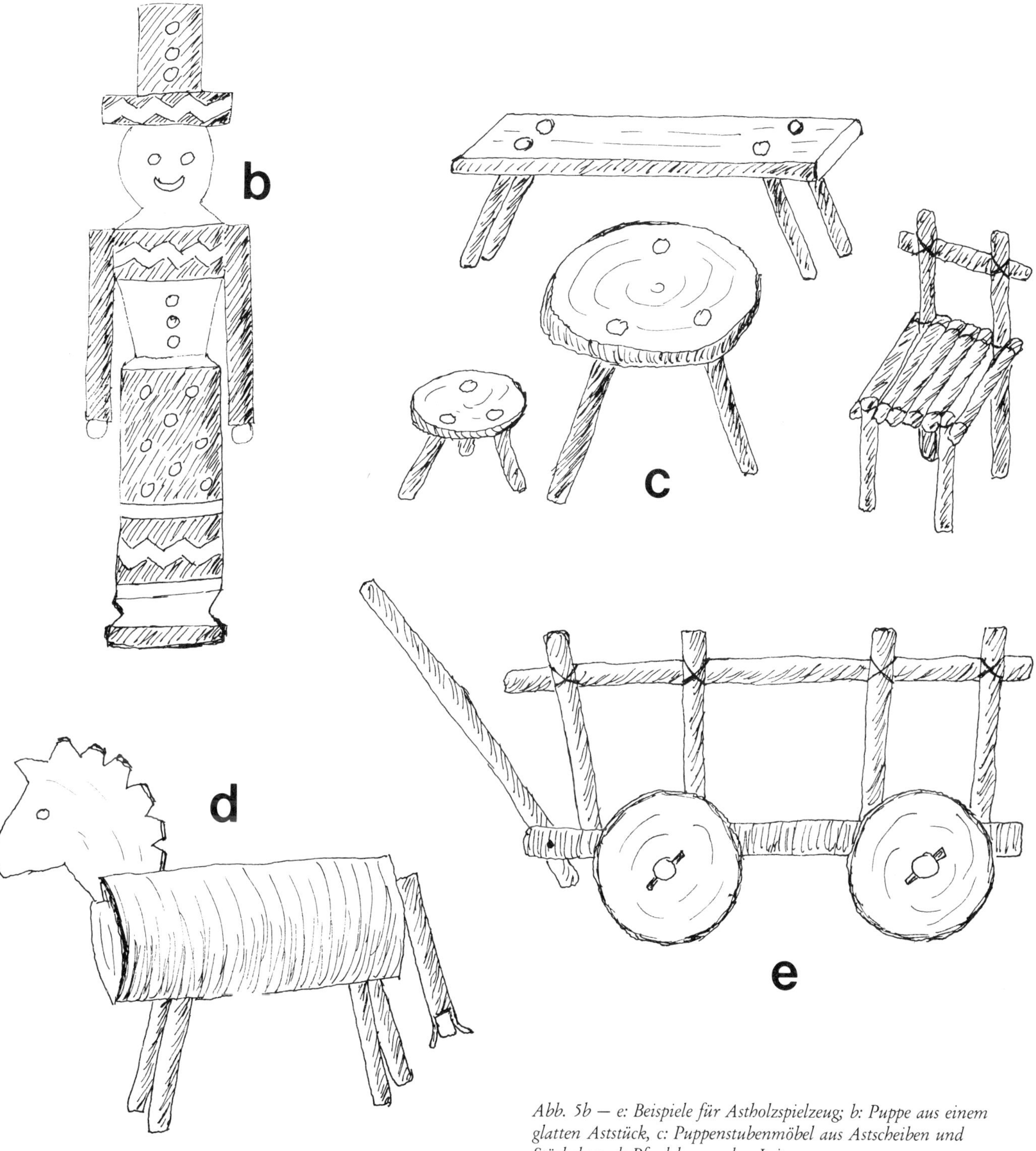

Abb. 5b — e: Beispiele für Astholzspielzeug; b: Puppe aus einem glatten Aststück, c: Puppenstubenmöbel aus Astscheiben und Stöckchen, d: Pferdchen und e: Leiterwagen.

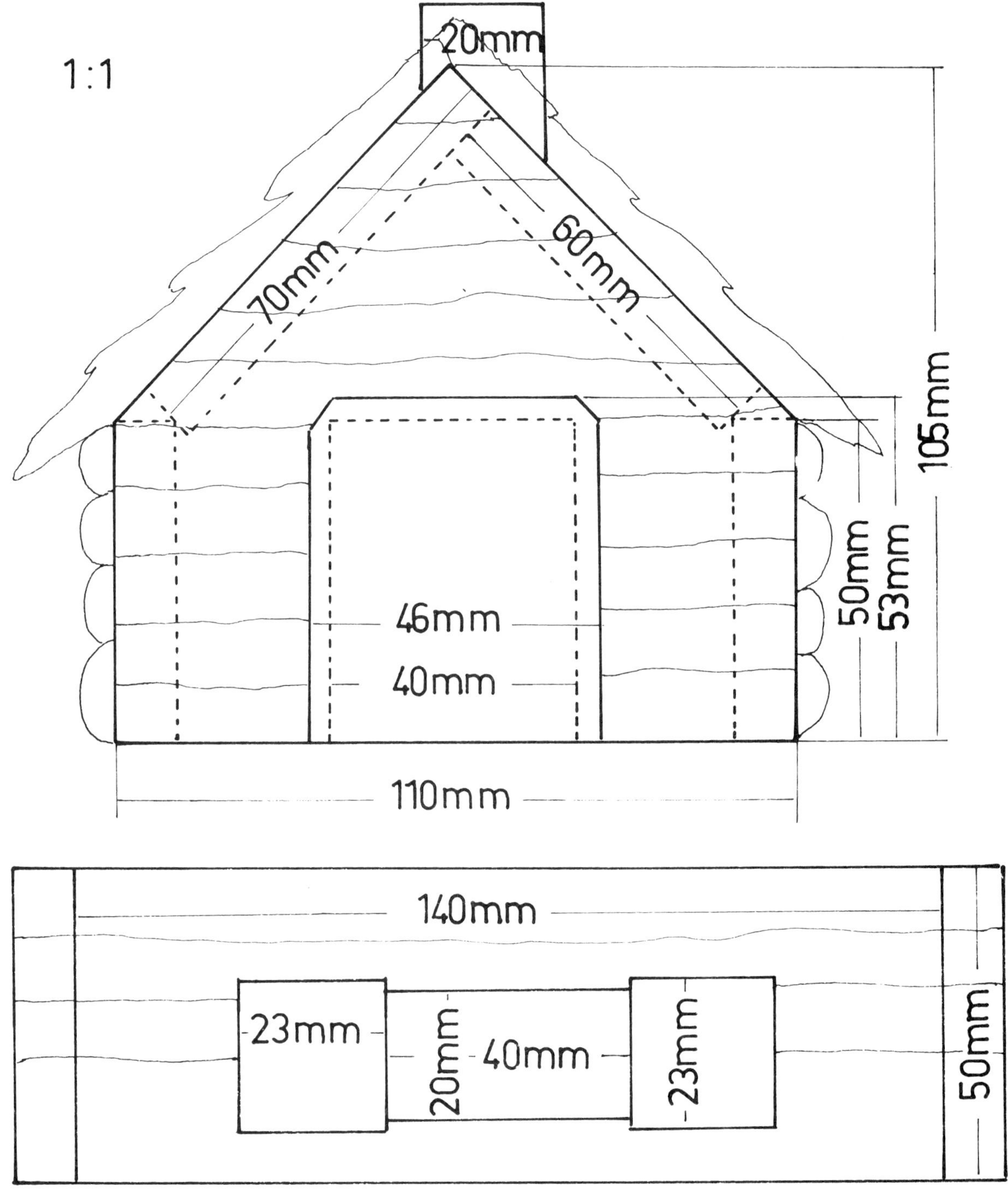

Abb. 6b: Bauplan für das Zwergenhaus; oben: Giebelansicht, unten: Seitenansicht ohne Dach.

Abb. 6a: Eine Blockhütte aus Ästen und Rinde ist das Zwergenhaus, von dem sich zusammen mit den Figuren schöne Geschichten erzählen lassen.

Zwergenhaus

Die Blockhütte ist eine Urform des Hauses, und man ist immer noch damit verbunden, indem man gern Holz beim Hausbau verwendet. Hier stellen wir ein Spielzeughaus aus Waldsachen vor (Abb. 6a). Die Blockhütte wurde der Einfachheit halber im Rohbau aus Brettern gebaut und mit längs durchsägten Ästen beklebt. Das Dach ist aus Kiefernrinde hergestellt. Damit die Ast- und Rindenstücke am Rohbau gut festgenagelt werden können, sollte man diesen aus dickerem Holz fertigen. Im Bauplan (Abb. 6b) wurden 10 mm starke Brettchen vorgesehen. Abweichungen davon sind unbedeutend. Der Plan läßt sich trotzdem verwenden. Es braucht kein wertvolles Holz zu

sein. Gut geeignet sind z. B. die Seitenwände einer alten Apfelsinenkiste. Wichtig ist, daß man zunächst die beiden Giebelseiten nach Maß anfertigt. Die Seitenteile und das Dach werden, wie mit den gestrichelten Linien angedeutet, zwischen die Giebelseiten eingesetzt. Es braucht nicht so exakt gearbeitet zu werden wie bei den später vorgestellten Modellen, z. B. dem Schafstall (Abb. 39), da das Zwergenhaus verkleidet wird. Allerdings sollte man auch hier bereits versuchen, nach bestem Können zu werken.
In eine Giebelseite arbeitet man eine Türöffnung ein, die mit einer kleinen Tür geschlossen werden kann. Ebenso sägt man wenigstens an einer Breitseite eine Fensteröffnung aus und bringt nach dem Verkleiden Fensterläden an. Auch einen Schornstein können wir entsprechend der Zeichnung aufsetzen.
Geschickte Bastler bauen sich eine Spielzeugblockhütte auch massiv aus Astholz.

Die Zwergenfiguren und Tiere sind bereits in Anlehnung an die später beschriebenen Figuren gearbeitet (vgl. Abb. 62 und 91). Für die im Farbbild (Abb. 6a) gezeigten Tiere und Bäume dient die Abb. 62 als Arbeitsvorlage. Vogel, Hase und Reh werden im Umriß auf 10 mm starkes Holz übertragen und der Hirsch auf 15 mm starkes Holz. Mit der Laubsäge versucht man, die Umrisse sorgfältig auszusägen. Da die besonderen Arbeitstechniken dazu erst bei den späteren Arbeiten besprochen werden, sei hier noch das Zugeständnis gemacht, die Figuren durch Schnitzen weiterzugestalten. Dadurch lassen sich am besten schräge Sägeschnitte ausgleichen. Aus dem Farbbild ist zu ersehen, wie dann sogar alle vier Beine herausgearbeitet werden können. Um diese besser zu versetzen, muß man auf der Umrißzeichnung noch die sonst nicht gezeichneten Beine ergänzen.

Den Rumpf der Puppe arbeitet man aus einem 16 mm dicken Rundholz. So wie es in der Zeichnung angegeben ist, werden die Formen mit einer Raspel vorbereitet und mit einer Feile und Sandpapier nachgeschliffen. Die Arbeitsweise ist dieselbe wie später bei den Puppen beschrieben. Die Arme werden aus 5 mm dicken Rundhölzern geschnitzt und mit Nägeln am Rumpf befestigt. Damit das Holz beim Nageln nicht springt, bohrt man mit dem Drillbohrer vor.
Aus Stoffresten machen wir dem fertigen Zwergenpaar noch Kleidungsstücke, wie sie im Farbbild zu sehen sind. Tiere und Zwerge bemalt man mit Deckfarben.

Alles ist einfach und klein gehalten. Es diente dazu, Kindern Geschichten aus dem Wald zu erzählen. Das Zwergenhaus wurde in der Kinderphantasie zu weit mehr, als auf dem Bild zu sehen ist.

Holzarten

Das Holz verschiedener Baumarten ist unterschiedlich in Beschaffenheit und Aussehen. Daraus ergeben sich für die Nutzung verschiedene Möglichkeiten. Ein besonders zähes Holz erfüllt z. B. andere Anforderungen als ein weiches, gut schnitzbares.
Für Holzspielzeug ist das von besonderer Bedeutung. Wenn es auch vielfach unwichtig erscheint, welche Holzart man verwendet, so lassen sich manche Teile doch nur aus bestimmten Hölzern fertigen. Hinweise darauf werden bei der Beschreibung wichtiger Hölzer gegeben. Beim Holzspielzeug ist das Aussehen des Holzes vorrangig. Darauf wird an passenden Stellen hingewiesen.

Holzstruktur

Der Baumstamm erfährt sein Dickenwachstum zwischen Rinde und Holz. Bei den Bäumen der gemäßigten Breiten der Nordhalbkugel wird etwa von März bis September viel lockeres, großporiges Holz gebildet (bei Nadelholz mit Harzgängen). Es ist das weichere Frühholz. In ihm erfolgt der Safttransport von der Wurzel zur Baumkrone. Im Herbst wird noch eine Zeitlang festes, engporiges Holz — das Spätholz — gebildet. Es dient dem Baum nur zur Festigung.

Kern- und Splintholz

Bei älteren Bäumen werden die Poren im Inneren des Stammes mit Ablagerungen verschiedener Art verschlossen und so das Holz verfestigt. Es ist das Kernholz im Gegensatz zu dem lockeren Splintholz, in dem der Flüssigkeitstransport auch weiterhin erfolgt. Bei manchen Holzarten, z. B. Kiefer und Eiche, sind Kern- und Splintholz an der verschiedenen Färbung gut zu unterscheiden.

Maserung

Durch das verschiedenartige Wachstum im Sommer und im Herbst entstehen ringförmige Zonen im Holz. So kann man bei vielen Hölzern die Jahresringe — Früh- und Spätholz entsprechen

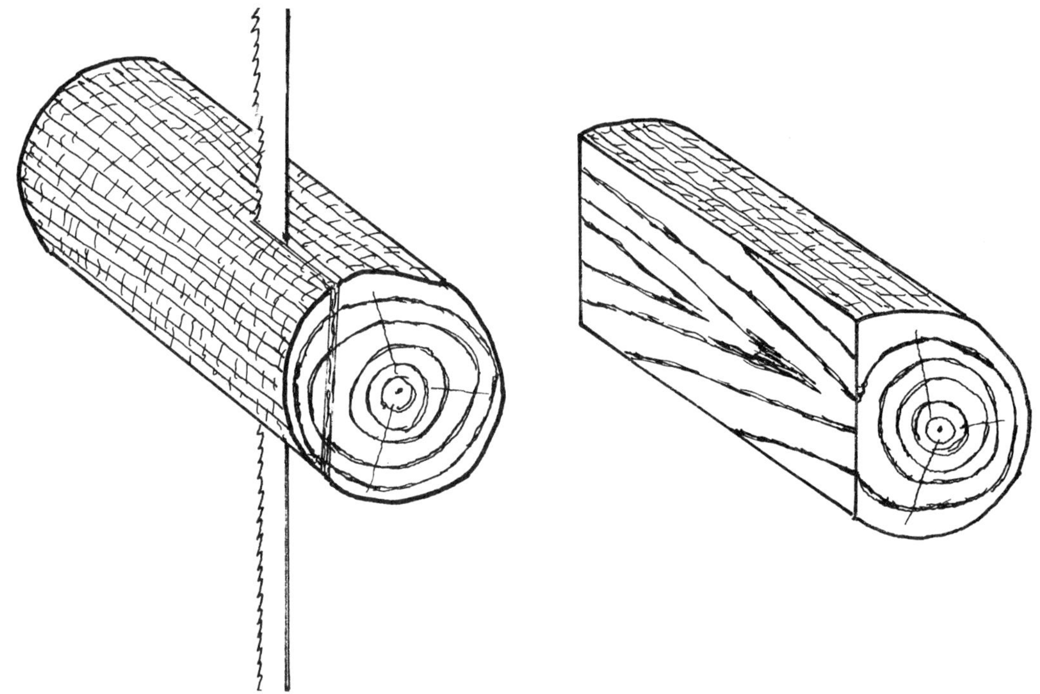

Abb. 7: Beim Fladerschnitt werden die Bretter tangential aus dem Stamm gesägt, wobei die Maserung besonders schön erkennbar wird.

Abb. 8: Unter bewußter Ausnutzung der Maserung lassen sich Tierfiguren wie dieser Elefant gestalten.

jeweils zusammen einem Jahr — gut erkennen. Am deutlichsten ist das bei der Kiefer zu sehen. Bei Bäumen, deren Früh- und Spätholz weniger voneinander abgegrenzt ist, ist die Maserung, d. h. die Ausbildung der Jahresringe, schwächer oder nicht vorhanden. Tropenhölzer besitzen wegen der in ihrer Heimat fehlenden Jahreszeiten keine Maserung (Jahresringe).

Fladerschnitt

Die meisten Bretter werden parallel zur Stammachse geschnitten. Dadurch trifft der Schnitt die Jahresringe tangential. Infolge der ungleichmäßigen Dicke der Baumstämme werden sie auch unterschiedlich angeschnitten, und es ergeben sich geschwungene Linien auf der Holzfläche (Abb. 7). Nur wenn der Stamm radial, d. h. durch die Stammachse geschnitten wird, ergeben die Jahresringe im Schnitt gerade Linien.

Für die Formgebung beim Holzspielzeug ist die Maserung von großer Bedeutung. An dem Elefanten (Abb. 8) kann man sehen, wie wirkungsvoll es ist, wenn die Formen den Linien im Holz angepaßt sind. Die Bauanleitung ist bei „Schablonen" zu finden. Siehe auch Abb. 73.

Sperrholz

Zur Herstellung von Sperrholz wird von dem gedämpften Holzstamm in einer Maschine ein dünner Span abgeschält. Dieses Furnier hat oft eine besonders lebhafte Zeichnung, da sich alle Unebenheiten im Stamm auf der Fläche im Schnitt abzeichnen (Abb. 9).

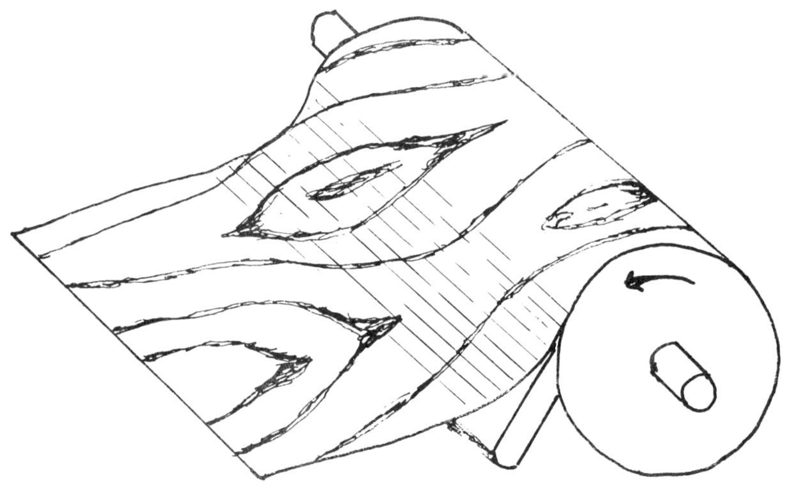

Abb. 9: Preisgünstiges Sperrholz wird aus Schälfurnier hergestellt, bei dem die Maserung figurenreich hervortritt.

Die Furniere werden bei dünnen Platten kreuzweise in mehreren Schichten übereinandergeklebt, bei dickeren auch auf weniger wertvolle Füllschichten. Die Füllschicht der Tischlerplatten besteht aus aneinandergeleimten Vierkanthölzern.

Als billigstes Sperrholz wird Limba verkauft, das allerdings keine Maserung besitzt. Am schönsten ist Kiefernholz, welches auch teurer ist. Kiefernsperrholz gibt es z. B. auch mit tangential geschnittenem Furnier. Dann zeichnet es sich durch gleichmäßige Figuren in der Maserung aus und wird vor allem bei der Möbelherstellung verwendet. Für Spielzeug ist solches Sperrholz wegen des hohen Preises nicht zu empfehlen.

Wichtige Hölzer

In der folgenden Auswahl sind einige Holzarten zusammengestellt, die für Holzspielzeug Bedeutung besitzen. Bei der eigentlichen Holzverarbeitung werden sehr viele weitere Arten benutzt, und man hat ganz bestimmte Vorstellungen über die Verwendung. Auch bei unserer kleinen Auswahl kennt der Holzfachmann weit mehr Besonderheiten, als wir hier berücksichtigen. Uns kommt es vor allem darauf an, schöne Holzstücke zu bekommen, deren natürliche Zeichnung wir ausnutzen können (Abb. 10).

Linde

Gelbliches bis rötliches Holz mit undeutlicher Zeichnung; weiches Material, das sich gut schnitzen läßt, vor allem, weil es nicht splittert; für Spielzeug überall dort einzusetzen, wo es bei der Bearbeitung anderer Hölzer Schwierigkeiten gibt; gut beizbar, aber wegen der Strukturarmut etwas langweilig im Aussehen.

Kiefer

Im Kern rötliches und im Splint gelbliches Holz; färbt sich erst bei Lichteinwirkung und ist frisch geschnitten meist durchweg hell; deutliche und vielfältige Zeichnung; wegen der kräftigen Maserung interessantestes Holz für Spielzeug; fest und gut bearbeitbar; Spätholz meist erheblich härter als Frühholz, so daß es beim Bohren Schwierigkeiten gibt, weil der Bohrer in die weicheren Zonen abrutscht; vielfältige Verwendung u. a. auch in der Möbeltischlerei.

Esche

Weißliches Holz; bei älteren Stämmen mit bräunlichem Kernholz; wellige Maserung mit deutlicher Struktur; gelegentlich als Furnier (Sperrholz) verwendet; auch massiv wegen der Struktur für Spielzeug gut geeignet; früher wegen seiner Elastizität zur Herstellung von Skiern benutzt.

Fichte

Im allgemeinen weißliches Holz mit geringerer Struktur als Kiefer; viele Variationen in bräunlichen oder rötlichen Tönungen; weicher als Kiefernholz; splittert und fasert leicht, läßt sich aber trotzdem gut verarbeiten; billigstes Holz.

Eiche

Gelblichbraunes Holz, von dem der schmale gelbliche Splint meist vor der Verarbeitung entfernt wird; Zeichnung ähnlich der Esche; dazu Nadelrissigkeit, d. h. das Holz erscheint wie mit Nadeln geritzt; viel für Furniere (Sperrholz) und in der Möbeltischlerei verwendet; interessante Struktur, auch für Holzspielzeug; gilt als hart, ist aber meist leichter zu bearbeiten als angenommen wird; verschiedene Sorten.

Rotbuche

Holz frisch weißlich und strukturarm; abgelagert oder gedämpft rötlich mit etwas Struktur; festes, gleichmäßig bearbeitbares Material (Hartholz); ursprünglich nur als Brennholz verwendet; inzwischen vielbenutzt u. a. in der Möbeltischlerei. Für Spielzeug ist Buchensperrholz wichtig sowie Buchenholzrundstäbe und -leisten.

Weißbuche

Weißliches Holz mit wenig Maserung; härtestes einheimisches Holz; wenig für die Herstellung von Spielsachen geeignet; bedeutend für Werkzeugteile aus Holz wie Stiele, Griffe, Lineale u. a., mit denen bei der Spielzeugherstellung gearbeitet wird.

Limba

Gelbliches Holz, dessen Farbe durch farblosen Lack besonders kräftig herauskommt; derzeit billiges Tropenholz und wegen der guten Bearbeitbarkeit viel im Handel; keine Maserung, nur Nadelrissigkeit (eichenähnlich); Sperrholz und Leisten bekommt man oft aus Limba; für die Gestaltung beim Spielzeug langweilig; zum Üben sehr gut geeignetes Holz, da es weich und fest zugleich ist.

Abb. 10: Auf Kiefern-Schälfurnier sind verschiedene Holzproben zusammengestellt; von oben nach unten: Linde (links) und Kiefer (rechts), Esche, Eiche und Fichte, Rotbuche, Limba und Weißbuche.

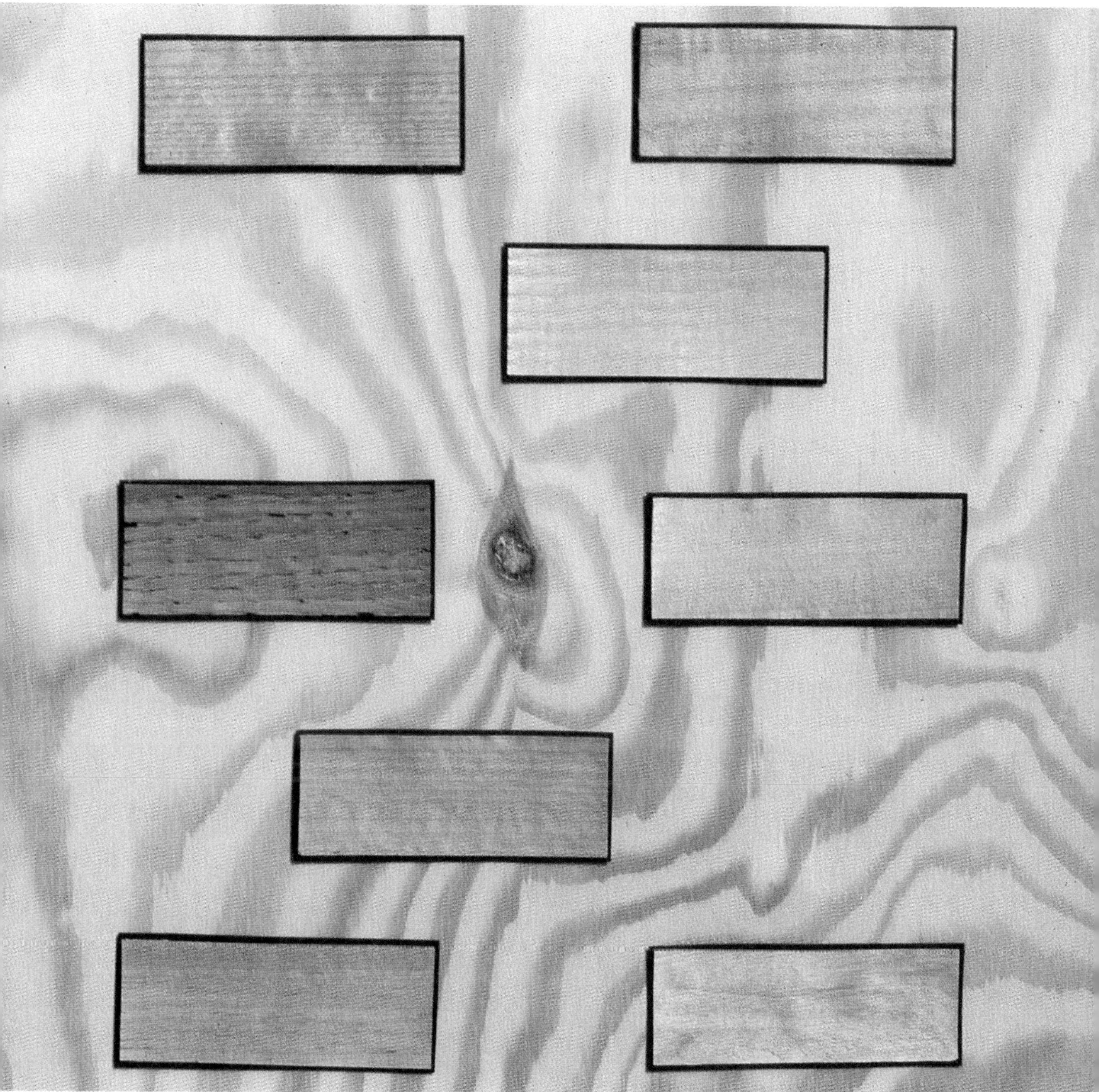

Handwerkszeug

Die Voraussetzung für die Herstellung von Holzspielzeug ist ein Grundbestand von gutem — d. h. voll funktionsfähigem — Werkzeug. Bei der Neuanschaffung sollte man bedenken, ob man es in trockenen Räumen aufbewahren wird oder im etwas feuchten Keller. Während im ersten Fall einfache Eisenausführungen genügen, sollte man im zweiten Fall die etwas teureren nichtrostenden Werkzeuge vorziehen.

Werkzeug und Zubehör

Damit man einen Überblick bekommt, welche Werkzeuge und welches Zubehör benötigt wird, folgt eine kurze Zusammenstellung.

Werkzeugliste

Hammer 200 g
Hammer 500 g
Fuchsschwanzsäge
Feinsäge
Laubsäge
Sägetischchen mit zwei Schraubzwingen
2 Schraubzwingen 200 mm
Handbohrmaschine mit Spiralbohrereinsätzen
2 verschieden große Handbohrer
Drillbohrer mit Einsätzen
Stichel (Ahle)
2 verschieden große Schraubenzieher
Kneifzange
Kombizange (Flachzange)
Rundzange
Schnitzmesser
Stecheisen 10 mm
Schleifstein
Abziehstein, feinkörnig
Eisenwinkel
hölzernes Zeichenlineal mit Anschlag
Gehrungslade
Zollstock
Pinzette, große Ausführung
Körner
grobe Holzfeile (Raspel)
feine Holzfeile, halbrund
Dreikantfeile zum Sägeschärfen

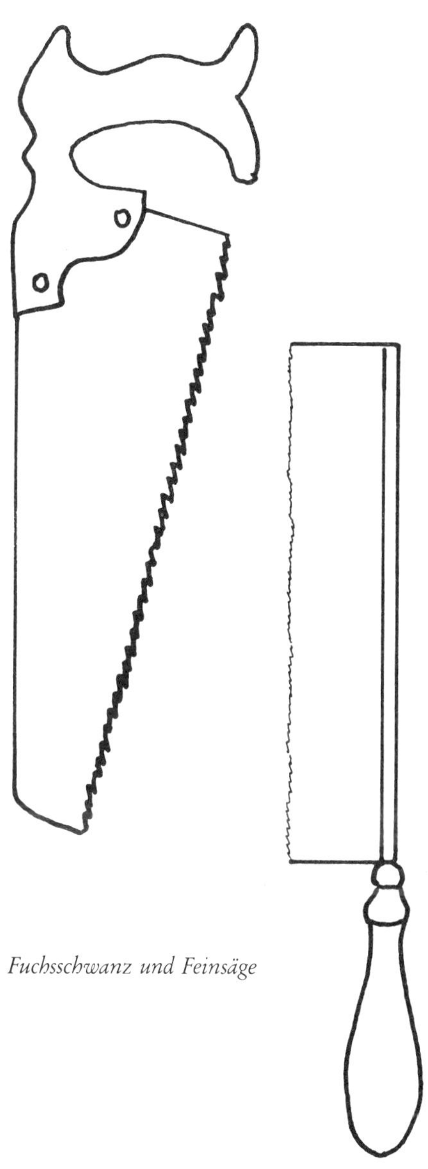

Fuchsschwanz und Feinsäge

Zubehörliste

Sortiment Nägel, Schrauben, Unterlegscheiben
Sortiment Schleifpapier (50er bis 150er Körnung)
Laubsägeblättchen für Holz

Borstenpinsel, verschieden breit
Haarpinsel, verschieden dick
Deckfarbenkasten
wasserlösliche Holzbeizen
farbloser Grundierlack (Holzeinlaßgrund)
farbloser Mattlack
Weißleim, Kontaktkleber, Alleskleber

Einrichtung

Zum Werken benötigen wir einen geeigneten Arbeitsplatz bzw. Arbeitsraum. Wir wollen uns gleich am Anfang darüber im Klaren sein, daß er sehr sauber gehalten werden muß, denn das Säge- und Schleifmehl verschleppt man sonst leicht mit den Schuhen in der ganzen Wohnung.

Werkzeugkasten

Die Aufbewahrung des Werkzeuges ist meist eine Platzfrage. Wenn man sich das Werkzeug ausschließlich zum Spielzeugmachen anschafft, kann man davon ausgehen, daß es nicht ständig gebraucht wird. In diesem Falle ist eine Unterbringung vorteilhaft, die ein völliges Wegräumen erlaubt. Mit dem Werkzeugkasten (Abb. 11) wurde ein Kompromiß angestrebt: Die zwei Hälften sind durch auseinandernehmbare Scharniere zu einem Kasten zusammenzufügen, der zusammengeklappt irgendwo platzsparend verstaut werden kann. Während der Arbeitszeit hängen die beiden Kastenhälften mit jeweils zwei starken Ösen an der Wand.
Die Befestigung des Werkzeuges ist einfach gelöst. Da beim Zusammenklappen die einzelnen Stücke nicht durcheinanderrutschen sollen, werden sie mit Stahlbandklammern befestigt.
Dazu wurde ein einfaches Verpackungsband von 16 mm Breite verwendet. Es wurde auf die notwendigen Längen geschnitten, an den Enden mit der Rundzange umgebogen und mit der Flachzange festgedrückt. In die Mitte jeder Klammer schlägt man ein Loch, durch welches man sie am Kastengrund festschrauben kann. Die Klammern werden so um die Werkzeugteile gebogen, daß sie stramm sitzen und diese federnd festhalten.

Werkzeugwand

Während der transportable Kasten ein Wegräumen, vor allem auch aus einem feuchten Keller, ermöglicht, sind heute vielfach Hobbyräume vorhanden, in denen das Werkzeug ständig aufgehängt werden kann, ohne daß man befürchten muß, daß es rostet. Hier kann man sich die Unterbringung wesentlich leichter machen: Eine genügend große Tischler- oder Spanplatte wird an der Wand befestigt. An diese schlägt man Nägel in der Weise ein, daß sich das Werkzeug daran aufhängen oder darauflegen läßt. Das ist eine einfache und viel angewendete Methode.
Schwierigkeiten bekommt man bei der Nagelwand, wenn man größere Mengen von gebrauchtem

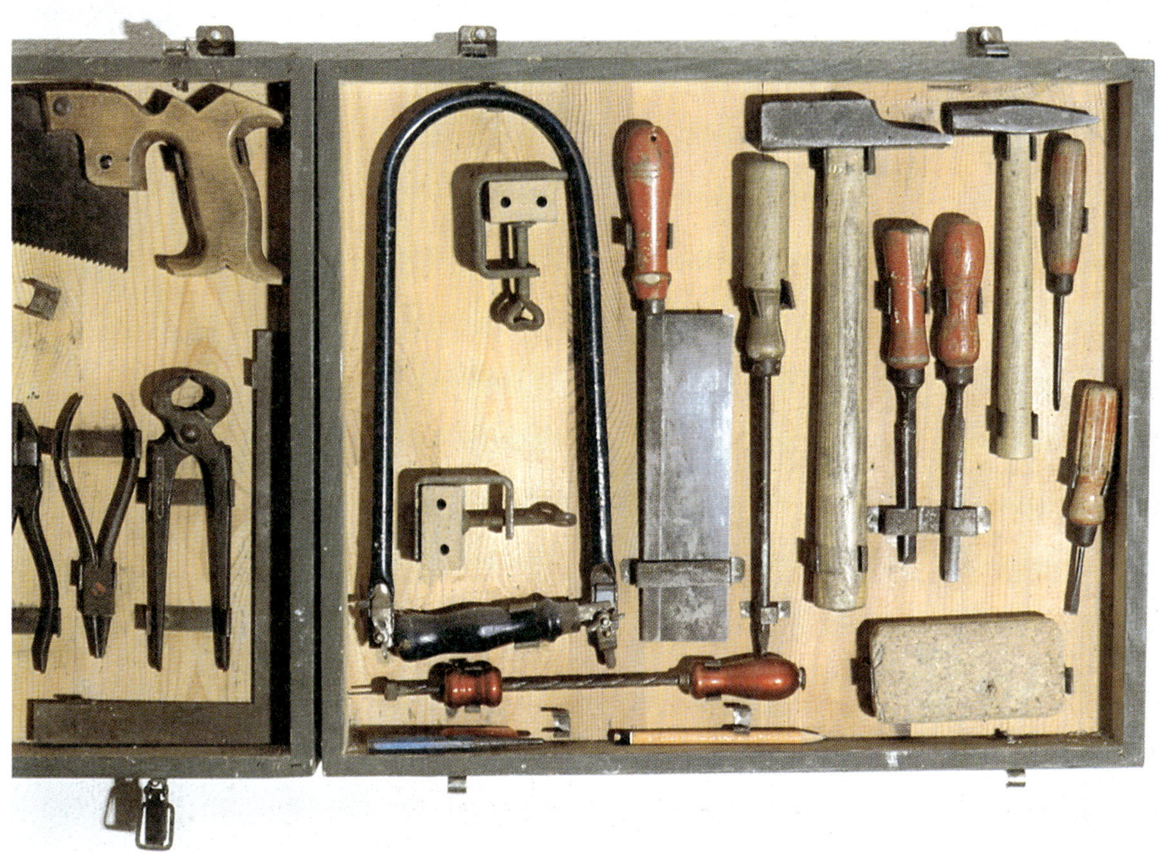

Abb. 11: In diesem Werkzeugkasten sind die Teile mit Federklemmen befestigt, so daß sie beim Zusammenlegen nicht durcheinanderfallen; aufgeklappt hängt der Kasten an der Wand über dem Arbeitsplatz.

Werkzeug aufräumen will. Aus der Anordnung der Nägel läßt sich der richtige Platz nicht erkennen. Also zeichnen wir uns die Umrisse des jeweiligen Werkzeuges an die betreffende Stelle der Holzwand. Dann findet man den richtigen Platz schnell wieder.

Werktisch

Jeder feststehende Tisch ist zum Werken geeignet. Bei einer Neuanschaffung sollte man mehr auf Stabilität als auf andere Dinge achten. Die Tischplatte muß möglichst dick sein, damit sie eine feste Unterlage, z. B. beim Nageln, abgibt. Nichts ist hier lästiger als eine federnde oder wackelige Unterlage.

Ein Werktisch ist zum Arbeiten da und muß auch eine gewisse Strapazierung aushalten. Das bedeutet jedoch nicht, daß man die Tischplatte hemmungslos beschädigt, z. B. beim Sägen, Bohren oder Nageln. Bei all diesen Arbeiten legt man Abfallholz unter das Werkstück. Beim Umgang mit Farben schützt man die Tischplatte mit Zeitungspapier. Wenn man meint, einem Arbeitstisch könne man die Spuren der Arbeit ansehen, so ist man später doch ärgerlich, wenn er durch unachtsame Behandlung nicht mehr eben oder zu schmutzig ist.

Arbeitskleidung

Da Sägestaub, Schnitzspäne, Leim und Farben die Kleidung verschmutzen können, ist es üblich, beim Arbeiten eine sogenannte Bastlerschürze zu tragen. Sie ist einfach geschnitten und aus grobem Leinen. Sie stellt keinen Ersatz für einen Putzlappen dar. Aber sie macht es möglich, daß man sich nicht jedesmal alte Kleidungsstücke anziehen muß, wenn man eine Weile arbeiten möchte.

Werkzeugpflege

Mit der Anschaffung von Werkzeug ist noch nicht sichergestellt, daß es auch immer einsatzbereit ist. Sorgsame Behandlung und Pflege sind deshalb sehr wichtig.

Zweckmäßige Benutzung

Die Auswahl der Werkzeuge ist so getroffen, daß für jeden hier auftretenden Zweck das Notwendige vorhanden ist. Doch kommt es vor, daß man das eine oder andere Teil verlegt oder nicht gleich zur Hand hat. Bekanntlich wird dann probiert, andere Werkzeuge zweckentfremdet einzusetzen. Aber ein Schraubenzieher ist kein Stemmeisen, ein Schraubenziehergriff kein Hammerersatz usw.

Reparaturen

Auch bei richtiger Verwendung können Werkzeuge durch Verschleiß unbrauchbar werden. Eine weitere Verwendung ist mit Ärger und Risiko verbunden. Wenn der Hammerkopf am Stiel wackelt, müssen wir ihn befestigen. Dazu wird der Stiel neu eingepaßt und mit einem Sägeschnitt versehen, in den man einen mit Leim bestrichenen Holzkeil schlägt.
Ebenso befestigt man einen neuen Hammerstiel, wenn der alte abgebrochen ist. Ist man dazu nicht in der Lage, dann sollte man besser einen neuen Hammer kaufen.
Ein Schraubenzieher muß stets glatt und zum Schraubenschlitz passend geschliffen sein. Wenn er durch Abnutzung nicht mehr richtig faßt, müssen wir ihn nachschleifen. Im Zweifelsfall kauft man auch hier einen neuen.
Bohrer müssen scharf sein. Stumpfe Handbohrer werden ersetzt, ebenso Drillbohrereinsätze. Spiralbohrereinsätze für die Handbohrmaschine können nachgeschliffen werden. Um sie aber wieder voll funktionsfähig zu bekommen, muß man viel Erfahrung haben, so daß sich auch hier der Ersatz verbrauchter Stücke durch neue empfiehlt.

Abb. 12: Ein Schnitzmesser muß häufig nachgeschliffen werden, und zwar durch kreisende Bewegungen auf dem Abziehstein.

Messer schärfen

Sehr stumpfe Schnitzmesser oder Stecheisen werden am Schleifstein vorgeschliffen, bis die schräge Fläche an der Schneidkante wieder glatt und nicht mehr abgerundet ist. Das Feinschleifen erfolgt auf einem mit Wasser befeuchteten feinkörnigen Abziehstein. Das Werkzeug wird in kreisender Bewegung auf dem Stein abgezogen und zwar von der Schnittkante weg und nicht auf sie zu (Abb. 12). Das Abziehen wiederholt man so lange, bis die gewünschte Schärfe vorhanden ist. Zur Kontrolle macht man Schnittversuche an einem Stück Abfallholz. Es muß einen eindeutigen Schnitt im Holz geben. Rutscht das Messer noch ab oder drückt es sich nur in die Fasern ein, dann muß noch weitergeschliffen werden.

Säge schärfen

Feinsäge und Fuchsschwanz werden bei häufigem Gebrauch schnell stumpf. Dann ist das Sägen mit ihnen sehr mühsam, wenn nicht unmöglich. Zum Schärfen muß das Sägeblatt fest eingespannt werden. Falls ein Schraubstock vorhanden ist, ist das leicht möglich. Anderenfalls kann man das Sägeblatt auch mit Holzstücken und Schraubzwingen so festhalten, daß nur noch ein Teil der Säge

Abb. 13: Zum Schärfen mit der Dreikantfeile muß das Sägeblatt fest eingespannt sein, hier zwischen Brettern mit einer Schraubzwinge.

mit den Sägezähnen freiliegt. Nun feilt man mit einer kleinen Dreikantfeile Zahn für Zahn nach, bis er wieder eine eindeutige Spitze besitzt (Abb. 13). Anschließend schränkt man die Zähne durch wechselseitiges Abbiegen mit der Kombizange nach, so daß beim Sägen ein breiterer Schnitt entsteht, als das Sägeblatt stark ist. Für größere Sägen wie den Fuchsschwanz gibt es spezielle Schränkwerkzeuge, auf die wir aber verzichten können.

Klötze zum Spielen

Bausteine und Klötze sind für kleine Kinder gut geeignet. An ihnen entwickeln sie Phantasie und begreifen durch sie vieles aus ihrer Umwelt. Das Herstellen von Klötzespielzeug ist auch für den Heimwerker eine Angelegenheit, bei der er sich in der Holzbearbeitung, und zwar mit Handwerkszeug, üben kann.

Zuschneiden

Als Ausgangsmaterial für die Bausteine nehmen wir Latten und Leisten, die wir mit der Feinsäge in kleine Stücke zersägen. Das Problem liegt in der geraden Schnittführung, wozu einige Vorbereitungen nötig sind.

Anzeichnen

Auf der Latte zeichnet man sich zunächst mit Hilfe des Zollstockes die Abstände an, in denen man sie zersägen will. Dann wird mit dem Zeichenlineal die Sägelinie rund um das ganze Holz angezeichnet (Abb. 14). Dadurch bekommt man rechtwinkelige Hilfslinien, an denen man sich beim Sägen orientieren kann. Daraufhin befestigen wir die Latte mit einer Schraubzwinge am Werktisch in der Weise, daß der erste Abschnitt gerade über die Tischkante hinausreicht.

Abb. 14: Ein gerader Schnitt durch dickes Holz gelingt nur, wenn die Schnittlinie vorher rundherum sorgfältig angezeichnet wird.

Sägen

Zum Sägen setzt man die Feinsäge auf der Linie der Oberseite an und beginnt leicht zu sägen, indem man zunächst noch mit dem Daumen der linken Hand das Sägeblatt auf der Linie führt. Wenn die Säge in das Holz eingedrungen ist, nehmen wir den Daumen weg und richten die Säge nach den Strichen an der Vorder- und Rückseite aus. Der Schnitt wird leicht und locker ausgeführt, so daß beim Eindringen in die Tiefe ein genügend breiter Spalt entsteht (Abb. 15). Schiebt oder drückt man die Säge stark, dann bekommt sie nicht genügend Spielraum und beißt sich leicht fest. Die Folge ist, daß wir sie kaum noch auf dem vorgezeichneten Strich entlangführen können.
Beim lockeren Sägen frißt sich die Säge spielend durch das Holz. Wir können dabei immer wieder kontrollieren, ob die vorgezeichneten Linien vorn und hinten eingehalten werden. Gute Arbeit ist geleistet worden, wenn die untere Linie getroffen wurde, sobald das Holzstück abgesägt ist. Entsprechend verfahren wir mit den weiteren Abschnitten, indem wir den jeweils nächsten über die Tischkante rücken und befestigen (Abb. 16).

Abb. 15: Bauklötze werden mit leichtem Schnitt genau entlang der vorgezeichneten Linien von der Latte abgesägt.

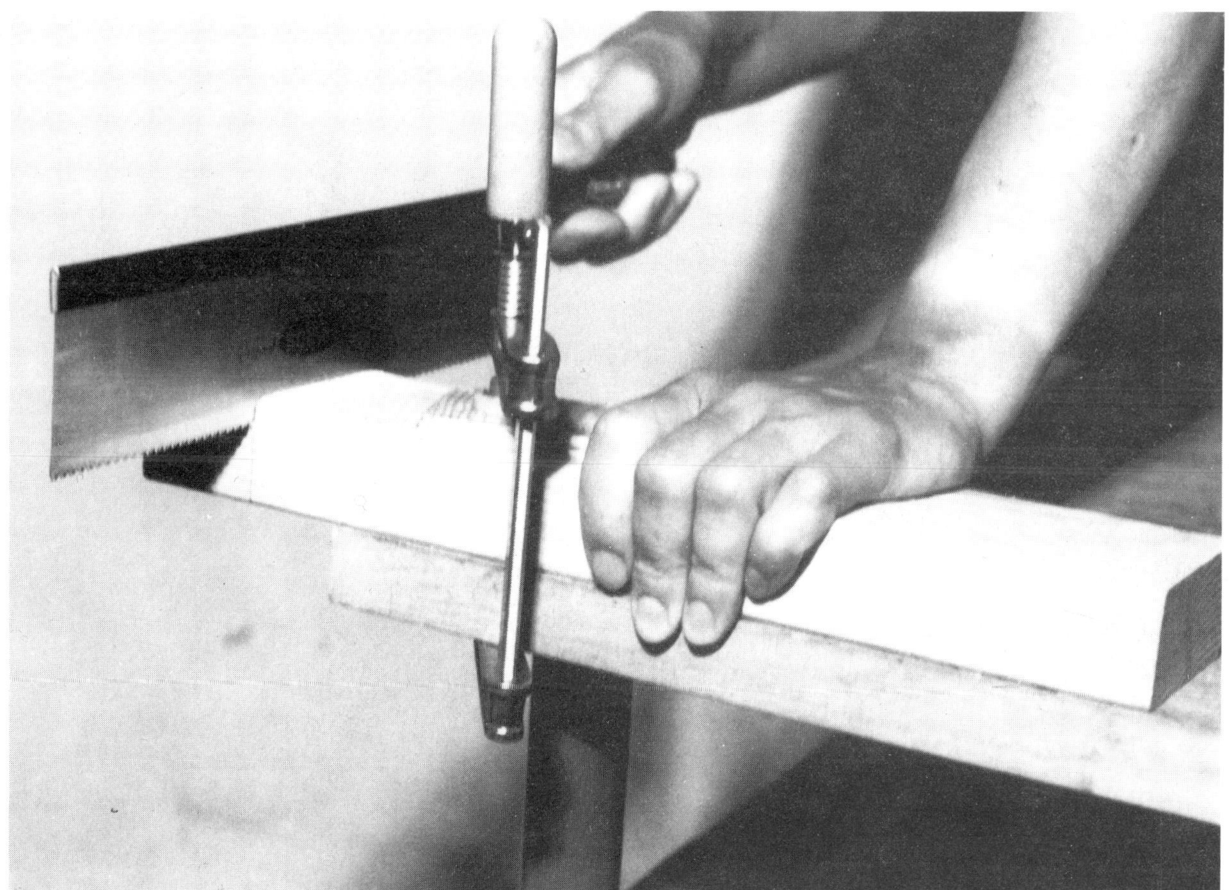

Gehrungslade

Dünne Latten und Leisten lassen sich ohne weiteres Anzeichnen in der Gehrungslade zurecht-schneiden. Wir brauchen hier nur die Abstände an der Oberkante zu markieren. Dann legen wir die Latte so in die Gehrungslade, daß die Säge in der rechtwinkeligen Führung auf die Markierung stößt (Abb. 17). Da die Führung etwas breiter ist als das Sägeblatt, wählen wir entweder den linken oder den rechten Anschlag der Führung. Dabei bleiben wir auch, bis das Holz in derselben lockeren Weise wie ohne Gehrungslade durchgeschnitten ist. Beim Wechseln des Anschlages während eines Schnittes wird die Kante schief.

Abb. 17: Leisten lassen sich in der Gehrungslade sauber zuschneiden.

Abb. 16: Bausteine aus verschieden geformten Latten und Leisten schneidet man am besten auf gleiche Längen zu.

Schleifen

Die roh zugeschnittenen Bauklötzer haben noch Holzsplitter an den Sägeflächen und sind auch sonst an den Kanten recht scharf. Wir müssen sie mit Schleifpapier so weit glätten, daß sie sich als Spielzeug eignen.

Schleifpapier

Zum Schleifen dient Sand- oder Glaspapier (Schleifpapier), das es in verschiedenen Stärken gibt. Wir benutzen die Ausführung für Holz und zwar in der Körnung von 50 bis 150. Die Zahlen bedeuten die Anzahl der Körner auf dem Quadratzentimeter. Je weniger es sind, desto grober ist das Schleifpapier.

Schleiftechnik

Zunächst wird der Klotz (Werkstück) auf einem groben Sandpapier, das flach auf dem Werktisch liegt, gegen die Maserung geschliffen (Abb. 18). Dabei werden vor allem die Stirnseiten (Säge-

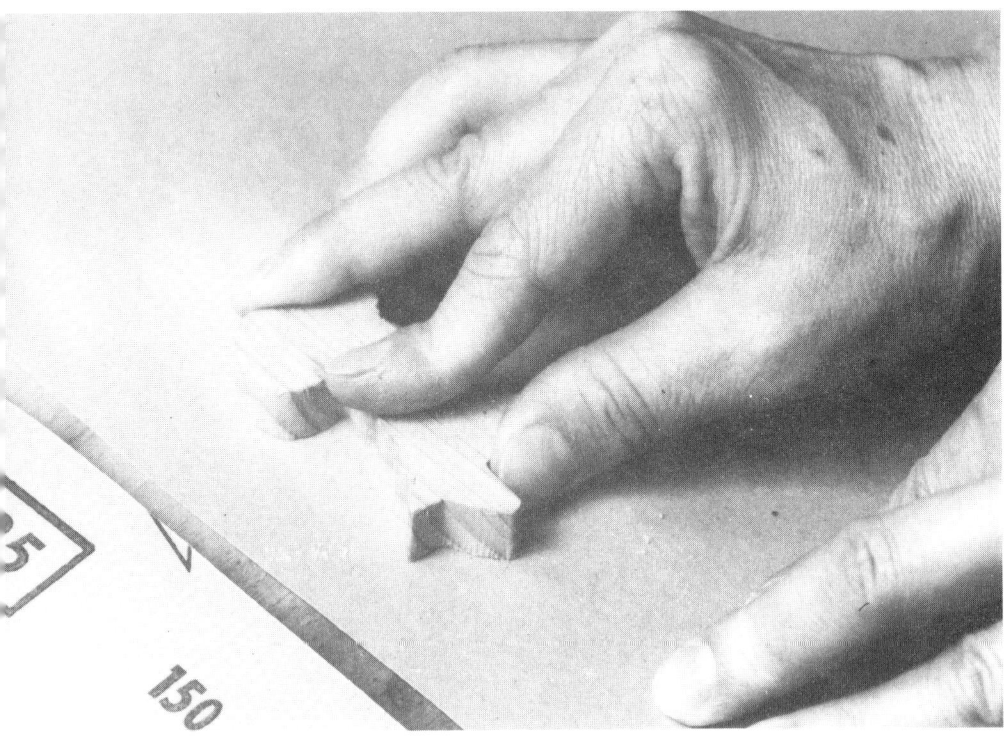

Abb. 18: Unebene Flächen schleift man gegen die Maserung auf grobem Glaspapier (50er Körnung) vor.

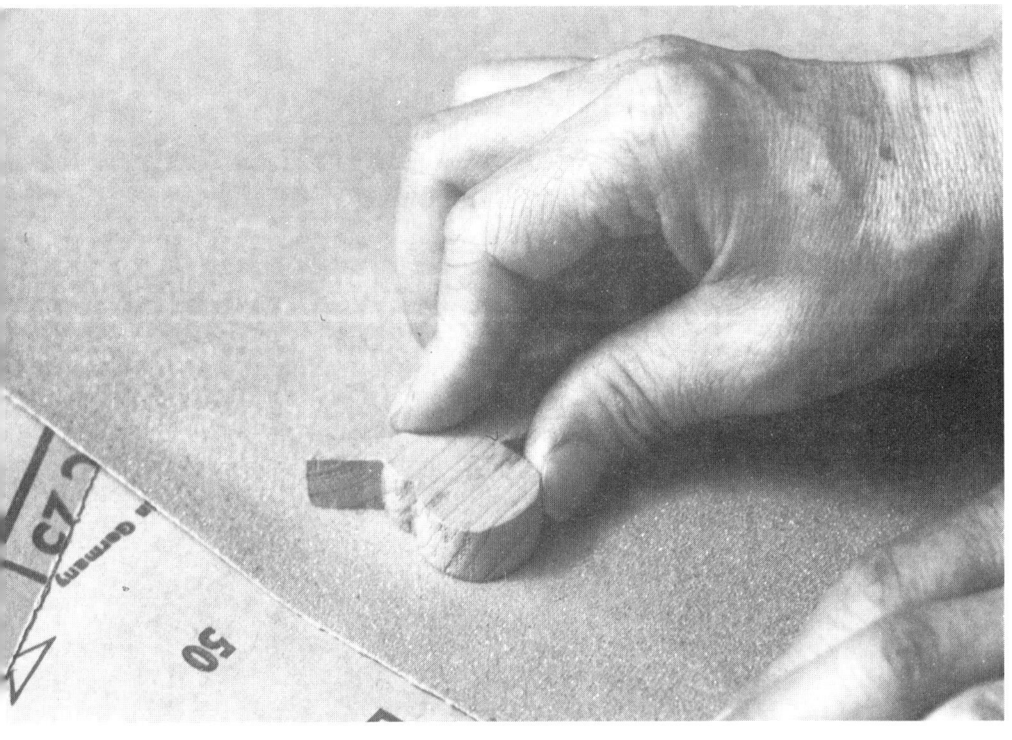

Abb. 19: Der Feinschliff von Flächen erfolgt in Richtung der Maserung auf immer feinerem Glaspapier (Körnung 100 bis 150).

Abb. 20: Wasserlösliche Holzbeizen setzt man in den gewünschten Farbtönen an; sie lassen sich eine Zeitlang im verschlossenen Glasgefäß aufbewahren.

Abb. 21: Allseitig gebeizte Werkstücke (hier Räder) werden zum Trocknen auf kleine Nägel gelegt, die in ein Stück Abfallholz eingeschlagen sind; so kommt allseits Luft an die Flächen.

flächen) der Klötze geglättet. Noch auf demselben Papier brechen wir sämtliche Kanten, indem wir den Klotz jeweils mit der Kante schräg über das Sandpapier ziehen. Daraufhin erfolgt der Feinschliff mit der Maserung (Abb. 19) auf Schleifpapier mit der Körnung von 80 bis 120 (150) je nach Härte des Holzes. Eventuell muß man in mehreren Stufen feinschleifen. Auch hierbei liegt das Sandpapier flach auf der ebenen Tischplatte. Den Fortgang des Schleifens kontrolliert man durch wiederholtes Betasten mit den Fingern. Erst, wenn sich der Klotz völlig glatt anfühlt, ist er fertig geschliffen.

Beizen und Lackieren

Wenn die Bauklötze oder Holzspielsachen farbig werden sollen, müssen sie gebeizt werden. Nur dann bleibt die Holzstruktur sichtbar. Bei der Verwendung von farbigen Lacken verschwindet sie. Die gebeizten Hölzer müssen allerdings mit farblosem Lack geschützt werden, sonst färben sie leicht ab. Auch empfindliche Hölzer, die nicht gefärbt werden sollen, lackiert man, damit sie nicht verschmutzen.

Holzbeize

Holzbeizen sind lösliche Farbstoffe, die das Holz direkt anfärben. Wir wählen am besten wasserlösliche Beize und setzen die gewünschten Farbtöne (für die Arbeiten des Buches wurden Braun, Grün und Rot gewählt) nach Vorschrift an (Abb. 20). In verschließbaren Gläsern hält sich die Beize eine Zeitlang gebrauchsfähig.

Beiztechnik

Auf große Holzstücke tragen wir die Farblösung mit einem Pinsel so lange auf, bis das Holz gleichmäßig feucht ist. Wenn bestimmte Stellen während des Beizens bereits trocknen, dann wird die Fläche ungleichmäßig eingefärbt. Beim Beizen ist der Tisch gut mit Zeitungspapier abgedeckt, und ein Lappen liegt bereit, an dem man sich die Finger abwischen kann oder mit dem man zuviel aufgetragene Beize vom Holz abtupft.
Es ist schwierig, einen Klotz oder ein anderes Werkstück festzuhalten, wenn er auf allen Seiten bemalt werden soll. Eine große Pinzette hat sich dabei als gute Hilfe bewährt. Mit ihr kann man das Holz fassen, ohne daß es Flecken durch unterschiedlichen Beizenauftrag gibt. Außerdem läßt sie sich leichter als die Finger mit dem Lappen abwischen.
Zum Trocknen stellen wir die Klötze (Werkstücke) auf die Stirnseiten. Größere Stücke legen wir auf Nägelchen, die wir auf ein Abfallbrettchen eingeschlagen haben (Abb. 21). Zur Beschleunigung des Trocknens kann man einen Haartrockner (Fön) zur Hilfe nehmen.

*Abb. 22: Gut geschlif-
fene, aber weder bemalte
noch lackierte Bausteine
sind ein beliebtes Spiel-
zeug für Kleinkinder.*

Holzeinlaßgrund

Bevor rohes oder gebeiztes Holz mit farblosem Lack behandelt wird, müssen die Poren geschlossen werden, indem man einen Holzeinlaßgrund (Grundierlack) aufträgt. Er ist schnelltrocknend, und bei Zuhilfenahme eines Haartrockners kann nach etwa einer halben Stunde der Lack aufgetragen werden.

Lackieren

Zum Lackieren wählen wir einen matten farblosen Nitrolack. Wenn beim Grundieren ungleichmäßig aufgetragene Stellen noch durch Schleifen zu glätten sind, so ist das beim Lack nicht mehr möglich. Deshalb muß jetzt sehr sorgfältig gearbeitet werden. Da Nitrolacke schnell trocknen, kann es schon während des Lackierens passieren, daß die Lackschicht ungleichmäßig ausfällt. Deshalb streichen wir den in den Lack getauchten Pinsel am Rand des Gefäßes gut ab, damit er nur noch mäßig getränkt ist. Dann streichen wir den Lack in dünner Schicht auf die Holzfläche. Auch hierbei ist eine Pinzette hilfreich, da man mit den Fingern schlecht das ganz zu lackierende Stück anfassen kann. Zum Trocknen stellt man die Klötze auf die schmalste Kante oder auf das Nagelbrett. Eventuell herabgelaufene Tropfen werden unverzüglich mit dem Lappen abgewischt, damit sie nicht als „Nasen" antrocknen.
Zwar ist Nitrolack schnell trocken. Doch solange er noch „riecht", ist er nicht völlig durchgetrocknet. Wir lassen deshalb die Klötze am besten ein paar Tage lang offen liegen.

Verschiedene Bausteine

Bauklötze können in verschiedener Weise gestaltet werden. Mit fortschreitendem Alter wollen die Kinder auch immer mehr Formen bei den Bausteinen haben.

Hartholzklötzer

Das Holz darf nicht splittern und muß auch ein Feuchtwerden aushalten, ohne Schaden zu nehmen. Aus diesen Gründen ist Rotbuchenholz günstig. Auch andere Harthölzer wie Eiche kann man verwenden. Nicht in Frage kommt das für gestalterische Arbeiten so beliebte Kiefernholz. Es hält der starken Beanspruchung nicht gut genug stand. Man hat keine Gewähr dafür, daß sich nicht mit der Zeit Splitter lösen, an denen sich das Kind verletzen könnte. Man muß schließlich bedenken, daß Kleinkinder das Spielzeug häufig in den Mund nehmen. Wir entscheiden uns, für den Anfang eine kleine Anzahl (12 Stück) gleichgroßer Holzbausteine herzustellen.
Als Maße seien empfohlen: 25 x 40 x 70 mm. Die Stücke werden von einer Latte, die man sich beim Schreiner beschafft, abgeschnitten. Anschließend schleifen wir sie wie schon beschrieben. Damit hat man für den Anfang reichlich Arbeit. Mit den abgebildeten Bausteinen, die nicht gebeizt und nicht lackiert sind, haben zwei Kinder nacheinander jahrelang gespielt (Abb. 22).

Die Klötze sind im Sandkasten liegengeblieben und durch Feuchtigkeit ein bißchen verwittert. Für die Aufnahme wurden sie lediglich etwas nachgeschliffen.

Bunte Klötze

Für etwas größere Kinder, die nicht mehr alles in den Mund stecken, können wir auch schöneres Holz für Bausteine verwenden und farbig gestalten. Sie sind aus Kiefernholz und haben verschiedene Formen, doch immer wieder dieselbe Länge. Dadurch ist einerseits ein anspruchsvolleres Bauen möglich. Andererseits macht es die gleiche Länge möglich, daß die Bauwerke einigermaßen stabil ausfallen. Sie wurden vor einem Bild fotografiert, auf dem ein Kind sein Traumhaus in einem Baum dargestellt hat (Abb. 1). Dieser Hintergrund mag symbolisch sein für die phantasievollen Bauwerke, die aus Bausteinen aufgetürmt werden, und die oft etwas kopflastig sind. Zur Aufbewahrung der Bausteine stellt man ein kleines Leinensäckchen her, in dem sie nach dem Spielen weggeräumt werden können.

Häuserklötze

Sind dachförmige Bausteine vorhanden, dann werden stets zusammen mit anderen Bausteinen Häuser gebaut. Mit einer Anzahl von geeigneten Bauklötzen und Dächern schaffen wir einen Bausteinsatz, aus dem mit der Phantasie des Kindes eine ganze Stadt entsteht. Die Klötze bleiben unbemalt, werden aber farblos lackiert. Ein mühevolles Gestalten der Hausfassaden ist nicht notwendig. Das Hintergrundbild unseres Farbfotos (Abb. 23) zeigt, wie in die einfachen Bausteine richtige Häuser hineingesehen werden können.
Vorn im Bild ist ein Häuschen zu sehen, das durch Abspalten der Dachschrägen entstanden ist. So etwas kann man aber nur mit radial geschnittenem Holz machen, das eine gerade Maserung hat. Anderenfalls wird das Dach beim Spalten krumm und schief.

Puppenmöbel

Aus Klötzen und Brettchen lassen sich einfache Puppenmöbel herstellen. Sie können in vorhandenen Puppenstuben verwendet werden oder auch für sich allein.

Klötzchenmöbel

Wir schneiden aus Kiefernholz wie für die Bausteine Klötze zu und fertigen aus dünnen und entsprechend breiten Leisten in der Gehrungslade Lehnen und Tischplatten. Die oberen Ecken der Lehnen werden auf grobem Sandpapier rundgeschliffen. Wenn es einem gelingt, die Flächen ganz eben zu schleifen, dann lassen sich die Teile mit Weißleim zusammenfügen. Etwa eine halbe Stunde lang werden sie mit der Schraubzwinge zusammengepreßt und sind dann so haltbar, daß sie die Spielbeanspruchung aushalten. Ist man im Zweifel, ob die Flächen glatt genug sind, dann leimt und nagelt man die Teile zusammen. Die Formen sind dem Farbbild (Abb. 24) zu

Abb. 23: Aus dachförmi-
gen Bausteinen stellen
Kinder zusammen mit
anderen Klötzen ganze
Städte zusammen, auch
wenn die Bausteine
nicht bemalt sind; im
Hintergrund eine
Kinderzeichnung
„Häuser".

Abb. 24: Puppenmöbel
lassen sich ganz einfach
aus Klötzen und Leisten
fertigen. Hier wurde das
Holz unbehandelt gelas-
sen. Zum Spielen wird
man sie aber meist
bemalen und farblos
lackieren.

Abb. 25: Einfache Sessel
kann man aus Leisten
bauen; auch ein Tisch ist
nicht schwer herzu-
stellen.

entnehmen. Die Größe der Möbel muß den Bedürfnissen angepaßt werden. Die im Bild dargestellten Möbel sind weder bemalt noch lackiert. Es ist jedoch empfehlenswert, sie in einfachen Mustern mit Deckfarben zu verzieren. Danach müssen sie auch lackiert werden.

Leistenmöbel

Sehr einfach ist ein Leistensessel zu bauen. Entsprechend der Abbildung sägt man in der Gehrungslade aus einer Leiste ein kürzeres und drei gleichlange Stücke zurecht (Abb. 25). Nach dem Schleifen werden sie zu der Sesselform zusammengeleimt — hier am besten mit Kontaktkleber — und eventuell genagelt.

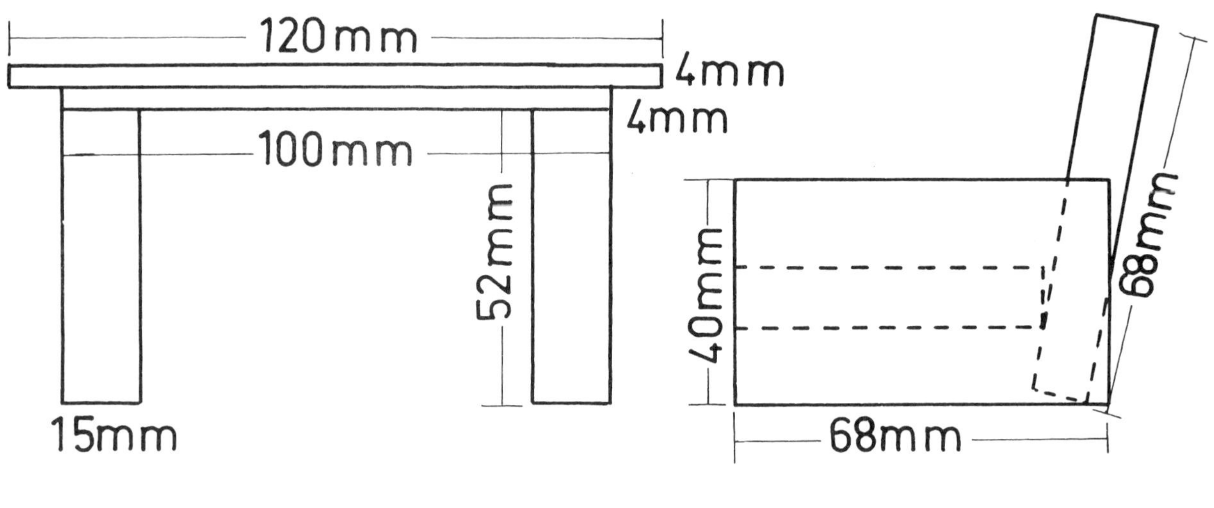

Abb. 25a: Bauplan für Leistenmöbel

Zu den Sesseln baut man einen Tisch mit vier Beinen aus einer verhältnismäßig starken Vierkantleiste. Diese werden an eine entsprechend große Sperrholzplatte geklebt und genagelt. Eine zweite, etwas größere Sperrholzplatte klebt man mit Kontaktkleber darüber, damit einerseits die Tischplatte dicker wird und andererseits die Nagelköpfe verdeckt werden (Abb. 25a).
Die Bauweise kann man der Abbildung und dem obenstehenden Bauplan entnehmen. Die Maße dienen der Orientierung. Man kann sie abändern und dem späteren Verwendungszweck anpassen. Allerdings sollte man stets auf günstige Proportionen achten.

Kinderspielzeug

Spielzeug unterscheidet sich von Kunstwerken der Holzbildhauerei dadurch, daß es der Phantasie weiten Raum lassen sollte. Ein einfacher Baustein wird für das Kind zu dem, was seiner Erlebniswelt gerade entspricht. Es begreift mit Hilfe des Spielzeuges seine Umwelt. Dabei handelt es sich mit Sicherheit um angeborene Entwicklungsmechanismen im Leben des Menschen.

Kindchenschema

Dem bekannten Verhaltensforscher Konrad Lorenz ist es gelungen, ein Instinktverhalten aufzuklären, das offensichtlich allgemein bei höher entwickelten Tierarten und besonders beim Menschen Gültigkeit hat. Er fand heraus, daß das Brutpflegeverhalten durch einige wenige Merkmale, die die jungen Tiere besitzen, ausgelöst wird.

Herziges Aussehen

Wenn man ein Kleinkind betrachtet, dann fällt auf, daß es im Aussehen „herzig" erscheint. In seiner pummeligen Unbeholfenheit erreicht es nicht nur bei der Mutter Zuwendung, sondern ganz allgemein bei seinen Mitmenschen. Es signalisiert die Schutzbedürftigkeit und schließt dadurch ein aggressives Verhalten der anderen aus. Es muß etwas ganz Bestimmtes sein, was bei Mensch und Tier diese Reaktion bewirkt.

Kindergesicht

Kleine Kinder und junge Tiere besitzen einen verhältnismäßig kleinen Gesichtsschädel und dazu eine hohe Stirn. Dazu kommen Pausbacken, die als typisch anzusehen sind. Lorenz erkannte, daß manche Tiere auch im Erwachsenenzustand diese Merkmale beibehalten (Abb. 26). Damit

Abb. 26: Das Kindchenschema (nach Konrad Lorenz) hat für die Herstellung von Spielzeugtieren und -puppen große Bedeutung; oben: Kindergesicht, Wüstenspringmaus, Pekinese, Rotkehlchen; unten: Erwachsenengesicht, Hase, Jagdhund, Pirol.

Abb. 27: Die Köpfe dieser Holzpferde entsprechen dem Kindchenschema.

üben sie weiterhin ihre auslösende Wirkung, zumindest auf den Menschen, aus. Der Pekinese als Schoßhündchen ist allgemein bekannt als ein Tier, das den Pflegetrieb anspricht.
Das Gesicht des erwachsenen Menschen ändert sich ebenso wie das des erwachsenen Tieres dahingehend, daß der Gesichtsschädel größer wird und die Pausbacken verschwinden. In den Beispielen auf der rechten Seite der Abbildung sind sie zum Vergleich zu sehen. Solche Formen sprechen nicht mehr in der Weise an.

Tiergesichter

Eine übertriebene Ausbildung der „Kindchen"-Merkmale wirkt stärker. So konnte sich
Walt Disneys Reh Bambi die Welt erobern, weil es einen überstarken Auslösereiz verursacht.
Solche Rehe gibt es nicht wirklich. Aber die Merkmale des Gesichtes stimmen mit dem
„Kindchenschema" überein.

Spielzeugtiere

Erstaunlicherweise reagieren nicht nur Erwachsene auf das Kindchenschema, sondern bereits
Kinder. Sie bevorzugen eindeutig Tiere mit Bambimerkmalen gegenüber solchen, die wirklich-
keitsgetreuer sind. So ist es ganz natürlich, daß wir den Spielzeugtieren Gesichter geben, die dem
entsprechen. Die Pferdchen der Abbildung 27 haben Gesichter, wie sie kaum ausgeprägter bei
lebenden Fohlen sein können. Aber es spielt hier keine Rolle mehr, ob es sich um ein ausge-
wachsenes oder junges Pferd handeln soll. Es ist einfach ein Pferd! Und das genügt.
Auch das Reh von „Brüderchen und Schwesterchen" (Abb. 29) hat ein Bambigesicht. Übertriebene Rundungen machen ein Tier bei Kindern und Erwachsenen „herziger". Beide Tiere kann
man nach den Vorlagen (Abb. 28) aus Holz arbeiten.

Kunst des Weglassens

So wie bei Häuserbausteinen die Fenster und Türen gar nicht aufgemalt werden müssen, um den
Klotz zum Haus werden zu lassen, ist es auch bei Tieren und anderen Spielsachen nicht erforderlich, viele Einzelheiten einzuarbeiten.
Das Tiergesicht braucht nur den richtigen Umriß und die Augen aufzuweisen. Nase und Mund
spielen eine so geringe Rolle, daß man sie fortlassen kann. Spielzeugtiere, die man an sich einfach
gestaltet, wirken plump oder gar mißlungen, wenn man ihnen allzu deutlich ein Maul aufmalt.
Sollten Mähne oder Haare für das Tiergesicht typisch sein, so deuten wir sie beim Anmalen nur
leicht an. Jede deutlichere Ausführung schmälert die Wirkung auf den Betrachter. Beispiele für die
Bemalung von Tieren, speziell deren Gesichter, sind bei den verschiedenen Vorlagen in diesem
Buch angegeben.

Puppengesichter

Ein recht schwieriges Unternehmen ist es, einer Puppe ein ansprechendes Gesicht zu geben.
Wir sehen das an der Rübezahlfigur (Abb. 5). Unsere Puppen können in einfacher Weise nur
nach dem Kindchenschema ihre Gesichter bekommen.

Kopfform

Wenn Holzpuppen hergestellt werden sollen, dann kann man sich damit begnügen, das Gesicht
als einfache Rundung darzustellen wie z. B. beim Reiter auf dem Schaukelpferd (Abb. 99), die
Männchen in der Schiffschaukel (Abb. 117) oder im Riesenrad (Abb. 119). Eine bessere Wirkung
erzielen wir, wenn wir die Gesichtszüge durch Schnitzen herausarbeiten, wie es das Kindchenschema verlangt.

Abb. 28: Vorlagen für Reh und Pferdchen in Originalgröße.

Maserung

Beim Schnitzen des Puppengesichtes ist auch darauf zu achten, daß die Maserung so liegt, daß sie nicht das Gesicht längs durchzieht, sondern in Ringen angeschnitten wird. Auf diese Weise kann je nach verwendetem Holz die Rundlichkeit und Pausbackigkeit des Gesichtes erhöht werden.
Das trägt allein schon vom Material her zur Verstärkung der Merkmale des Kindchenschemas bei (Abb. 30 und 31, Seite 57).
Selbst die schwache Maserung von Fichtenholz wird beim späteren Lackieren herausgehoben und deutlicher sichtbar. Auf keinen Fall darf die Maserung so liegen, daß das Gesicht schief erscheint. Eine Ausrichtung ist deshalb beizeiten sehr wichtig.

Bemalung

Was schon für Tiergesichter gesagt wurde, gilt auch bei Puppengesichtern. Durch die Kunst des Weglassens erreichen wir mehr als durch das Andeuten von ausgeprägten Gesichtszügen.
Die Augen werden sorgsam in gleicher Höhe mit blauer Deckfarbe etwa dorthin gemalt, wo die Einkerbung die hohe Stirn absetzt. Sie sollen verhältnismäßig groß ausfallen, aber nicht zu groß. Kinderaugen sind groß. Aber durch eine Übertreibung könnten wir sie leicht als kitschig erscheinen lassen.
Die Nase wird nur durch zwei kleine braune Punkte angedeutet und der Mund durch einen größeren roten Fleck.

Abb. 29: Ein stilisiertes Reh und ein Puppenmädchen stellen eine Szene aus dem Märchen „Brüderchen und Schwesterchen" dar.

Abb. 30: *In starker Vergrößerung sieht man hier, wie ein Puppenkopf nach dem Kindchenschema gearbeitet werden sollte.*

Abb. 31: *Beim Puppenjungen ist die Kopfform dieselbe wie beim Puppenmädchen (Abb. 30); nur das Zubehör macht den Unterschied aus.*

Augenglanz

Wer sich schon einmal mit der Porträtmalerei oder -fotografie beschäftigt hat, weiß, daß eine Abbildung ohne Glanz in den Augen matt erscheint. Es fehlt die Lebendigkeit. Der Fotograf stellt einen Scheinwerfer so auf, daß er in jedes Auge einen kleinen Lichtfleck wirft (nicht zwei!). Auch beim Malen bedient man sich dieses Lichtfleckes in den Augen. Und was beim Porträtieren bewährt ist, gilt auch hier: Ein Tupfer Deckweiß in jedem Auge der Puppe gibt diesen Glanz. Aber achten wir darauf, daß die Tupfer symmetrisch gesetzt werden, sonst schielt die Puppe.

Laubsägearbeiten

Für viele Holzarbeiten reichen Fuchsschwanz und Feinsäge. Gerade Säge-schnitte lassen sich mit ihnen gut ausführen. Zum Sägen geschwungener Linien eignen sie sich dagegen nicht. Hierzu benutzen wir die altbewährte Laubsäge. Ihr Sägeblatt ist so fein, daß man beliebige Formen damit aussägen kann. Somit stellt sie in unserer Spielzeugwerkstatt eines der wichtigsten Werkzeuge dar. Ihre Handhabung wird zu Unrecht als zu leicht und primitiv eingeschätzt. Hat man erst einige Übung, wird man begeistert sein über die vielfältigen Möglichkeiten.

Laubsäge

Ein feines Sägeblatt, das in einen etwa 30 bis 40 cm langen Bügel mit Handgriff eingesetzt wird, ist das Werkzeug, mit dem sich eine Menge von Holzarbeiten ausführen läßt. Die Laubsäge wurde gegen Ende des 18. Jahrhunderts so genannt, weil man sie ursprünglich zum Aussägen von Dekorationen benutzte, die vorwiegend Laub darstellten. Die abgebildete moderne Kunstgewerbearbeit aus nur etwa 1 mm starkem Sperrholz mag einen Eindruck davon geben, welche aufwendigen Arbeiten man mit diesem Werkzeug ausführen kann (Abb. 32). Die Laubsäge ist immer noch ein fester Bestandteil der Heimwerkerausstattungen, auch wenn sich der Verwendungszweck gewandelt hat. Man begnügt sich heute mit wesentlich einfacheren Arbeiten, weiß aber andererseits die Wendigkeit dieses Werkzeuges weiterhin zu schätzen, an die kein anderes herankommt.

Abb. 32: An dieser kunstgewerblichen Laubsägearbeit erkennt man, wie ursprünglich mit der Laubsäge gearbeitet wurde.

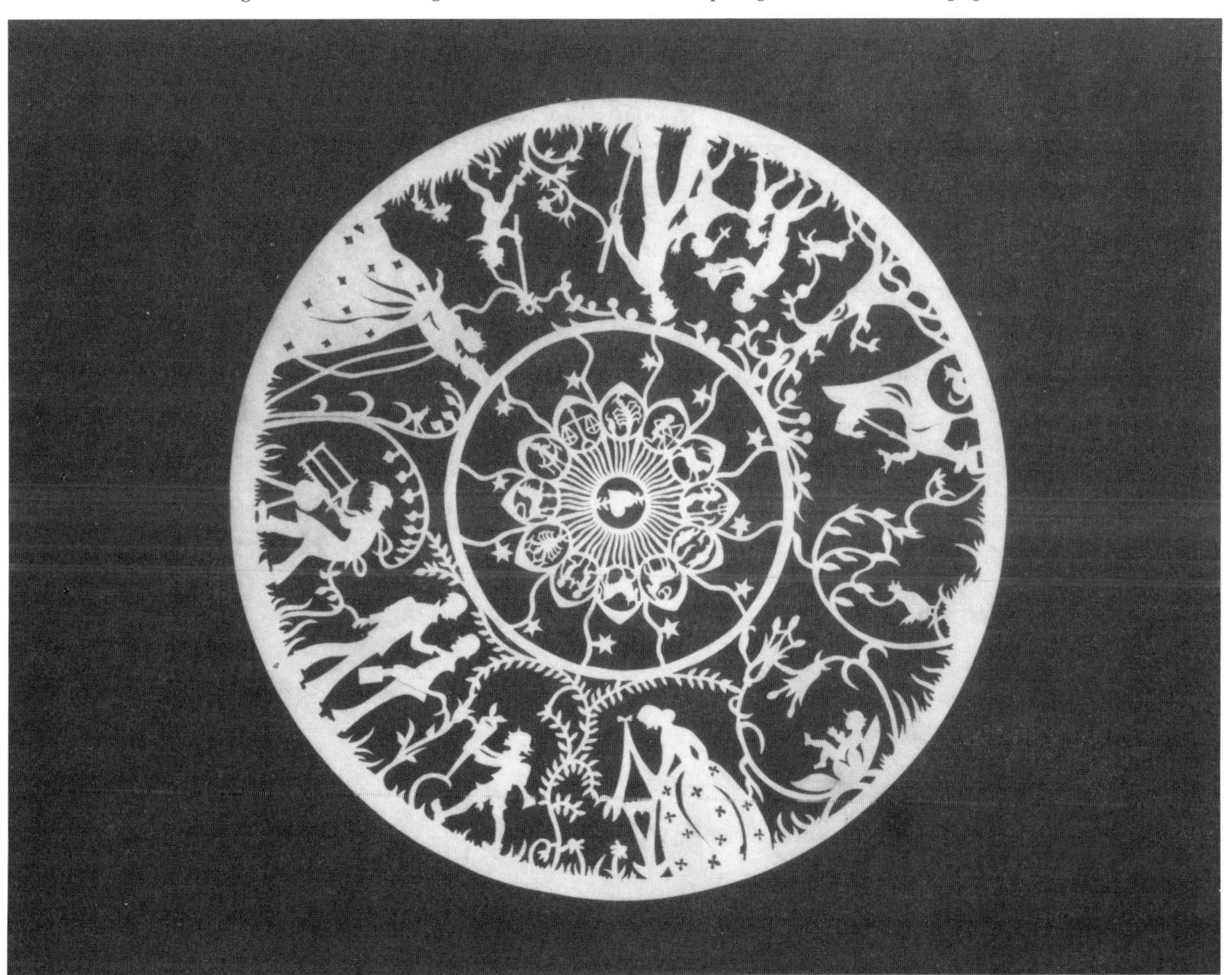

Kein Kinderspielzeug

Das Angebot auf dem Bastlermarkt läßt leicht den Eindruck entstehen, eine Laubsäge gehöre zum Kinderspielzeug. Leider handelt es sich dabei auch vielfach um sehr einfache und schwach gebaute Modelle. Vielleicht kann ein einigermaßen geschicktes Kind damit tatsächlich ein auf dünnes Holz vorgedrucktes Bild aussägen. Die anspruchsvollere Laubsägearbeit erfordert dagegen ein solides und gut gebautes Werkzeug. Wir dürfen eine etwas größere Geldausgabe dabei nicht scheuen. Auch beim Zubehör müssen wir auf solide Ausführung achten, denn das schwächste Teil in der Ausrüstung bestimmt schließlich den Wert des Ganzen.

Sägetischchen

Viele der im Handel befindlichen Sägetischchen werden mit einer — oft zu schwachen — Schraubzwinge gehalten. Für die Arbeiten aus stärkerem Holz ist diese Ausführung nicht günstig.
Das Tischchen lockert sich bei der starken Beanspruchung und fängt an, sich im Bereich der Schraubzwinge zu drehen. Damit verliert man den notwendigen sicheren Halt.
Wir versuchen, eine Ausführung zu bekommen, die der abgebildeten entspricht (Abb. 33). Diese wird mit zwei Schraubzwingen — und zwar recht stabilen — gehalten. Kann man ein solches Modell nicht erwerben, dann gibt es zwei Möglichkeiten, sich zu helfen. Die erste wäre, sich über ein normales Sägetischchen selbst eine Haltevorrichtung aus Eisen zu bauen oder bauen zu lassen. Die zweite Möglichkeit besteht darin, daß man Sägetischchen und Werktisch zweimal durchbohrt und das Tischchen mit zwei Flügelmutterschrauben befestigt. Dabei müssen die Köpfe der Schrauben so weit versenkt werden, daß das Werkstück glatt über das Tischchen gleiten kann.

Sägeblättchen

Die drahtförmigen Sägeblätter gibt es in verschiedenen Stärken — von Nr. 1 bis Nr. 9 — für Holz. Es empfiehlt sich, ein Sortiment in einer entsprechenden Hülle zu kaufen und die verbrauchten Sägeblättchen nach Bedarf nachzukaufen. Die Beschaffung von einzelnen Größen ist in unserem Falle nicht günstig, da für die verschiedenen Holzstärken und -sorten unterschiedliche Sägeblättchen zur Verfügung stehen müssen. Die in der Form anders gestalteten Metallsägeblättchen können zum Sägen von sehr dünnem Holz verwendet werden. Ansonsten brauchen wir sie nicht.

Sägeblättchen einspannen

Wir legen das Sägeblättchen zunächst zwischen Daumen und Zeigefinger und prüfen durch leichtes Andrücken und Durchziehen, in welcher Richtung die Säge „beißt". Man kann das natürlich auch durch Anschauen feststellen: Die schrägen Seiten der Zähnchen müssen nach unten zeigen.
Nun befestigen wir das Sägeblättchen mit dem nicht gezähnten Teil zunächst an der einen Schraubhalterung des Bügels, dann an der zweiten, wobei wir es gleichzeitig spannen. Dazu

Abb. 33: Für Laubsägearbeiten aus stärkerem Holz muß das Sägetischchen gut befestigt sein, am besten mit zwei Schraubzwingen.

drücken wir den Bügel zwischen Brust und Werktisch so weit zusammen, wie es voraussichtlich erforderlich sein wird. Die Flügelschrauben werden kräftig mit den Fingern angezogen. Das ist ausreichend, sofern man eine normalstarke Hand hat. Das Zuhilfenehmen einer Zange sollte nur im Notfall geschehen. Man verliert dabei leicht das Feingefühl über den Spannungszustand und überdreht das Gewinde der Schrauben. Wichtig ist, daß die Halterungen im Bügel das Sägeblättchen tatsächlich festhalten. Alte und ausgeschliffene Halterungen führen leicht dazu, daß das Sägeblättchen während der Arbeit herausrutscht. Für manche Laubsägenfabrikate gibt es Ersatzhalterungen zu kaufen. Anderenfalls muß man eine komplette neue Säge beschaffen, um die richtigen Arbeitsbedingungen wiederherzustellen.

Das Sägeblättchen muß zur Arbeit recht stramm im Bügel festsitzen. Eine Kontrolle besteht darin, das Sägeblättchen im gespannten Zustand anzuzupfen. Gibt es einen „singenden" Ton von sich, dann ist es stramm genug eingespannt. Gibt es keinen Ton, dann muß es nachgespannt werden.

Sägetechnik

Von entscheidender Bedeutung ist die Haltung der Laubsäge während der Arbeit. Der Arbeitsplatz soll so eingerichtet sein, daß man aufrecht vor dem Sägetischchen sitzen kann und die Laubsäge in Mittelstellung mit etwa waagerechtem Unterarm halten kann. Eine zu tiefe oder zu hohe Sitzgelegenheit verändert zwangsläufig die Armhaltung und verleitet zum Schrägsägen.
Der Griff der Laubsäge wird fest mit der rechten Hand umfaßt. Dabei befindet sich der Bügel dicht rechts neben dem Oberarm, jedoch nicht in „Tuchfühlung". Mit der linken Hand hält man das Werkstück auf dem Sägetischchen fest und führt es während des Sägens entsprechend nach.

Sägen

Auch bei dünnem Holz soll der Schnitt stets senkrecht zur Oberfläche des Werkstückes erfolgen. Das gilt um so mehr, je dicker das Holz ist.

Abb. 34: Da die Sägeblättchen links zur Schnittrichtung einen Grat haben, sägt man im Uhrzeigersinn um das Werkstück herum, damit dieses eine glatte Schnittkante erhält.

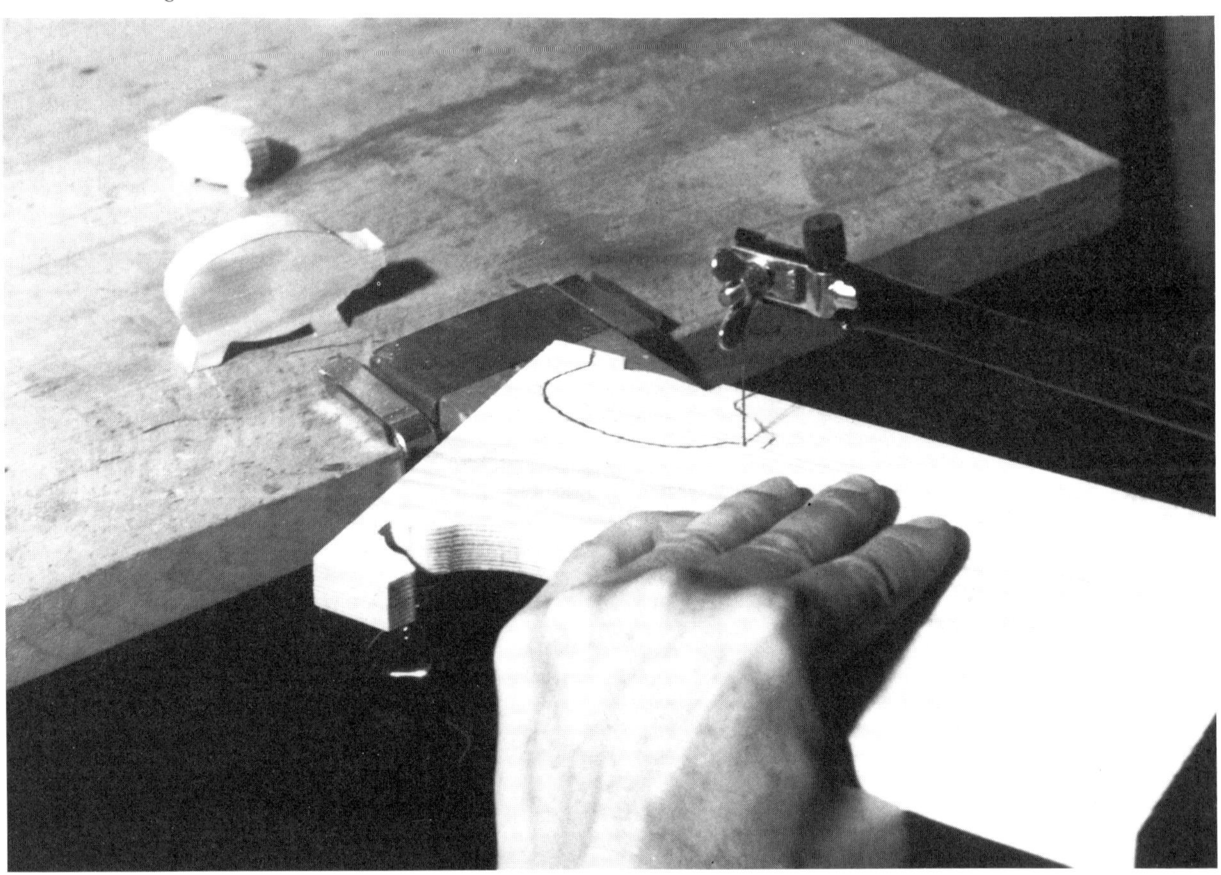

Abb. 35: Tiere werden bevorzugt aus Kiefernholz verschiedener Stärke gesägt. Die Vorlagen sind, soweit nicht anders angegeben, für 15 mm dickes Holz gedacht.

Folglich ist der eigentliche Sägevorgang ein gleichmäßiges Auf und Ab des Sägeblättchens.
Den senkrechten Schnitt können wir uns mit entsprechender Ausdauer angewöhnen. Ob gut gesägt worden ist, läßt sich leicht kontrollieren, indem man versucht, die ausgesägte Figur in der Umrandung nach oben und nach unten herauszuschieben. Es muß nach beiden Seiten möglich sein. Gelingt es nur nach einer Seite, z. B. nach oben, dann wurde schief gesägt.
Die Haltung der Laubsäge muß — wenigstens anfangs — ständig kontrolliert werden, indem man nachsieht, ob sich das Sägeblättchen in der Senkrechten bewegt. Jede Abweichung müssen wir sofort durch einen entsprechenden Gegendruck ausgleichen.
Allmählich gewöhnen sich Hand und Arm an die richtige Haltung, und der Schnitt wird gleichmäßig. Um die notwendige Fertigkeit zu erwerben, ist es erforderlich, lange zu üben. Anstelle des verhältnismäßig harten Kiefernholzes können wir dazu das weichere, aber nicht so ansehnliche Fichtenholz benutzen.
Es ist günstig, die verschiedenen Holzdicken nacheinander zu probieren. Erst, wenn wir bei 5 mm Dicke sicher arbeiten, sollten wir uns an 10 mm Dicke wagen usw. Der Verfasser hat es geschafft,

noch 40 mm dickes Kiefernholz gerade mit der Laubsäge zu sägen. Es muß allerdings bemerkt werden, daß das als Ausnahme zu betrachten ist, denn die Arbeit ist dann so schwer und langwierig, daß man leicht die Freude daran verlieren kann. Im allgemeinen sollten wir bis zu 15 mm Holzstärke arbeiten, ausnahmsweise bis zu 20 mm (Abb. 34).

Halten des Werkstückes

Es wäre naheliegend, die auszusägende Figur mit der linken Hand festzuhalten und sie gegen den Uhrzeigersinn auszusägen. Nun haben aber die Sägeblättchen vom Stanzen her einen Grat und zwar auf der linken Seite in Bezug zur Sägerichtung. Das würde bedeuten, daß die Figur einen rauhen Sägeschnitt bekommt und der Abfall einen glatten. Im Hinblick auf die Nachbearbeitung mit Schleifpapier müssen wir deshalb die Sägerichtung ändern. Wir sägen im Uhrzeigersinn um die Figur herum. Das bedeutet, daß wir sie nicht selbst festhalten können, sondern nur den stehenbleibenden Teil des Holzes (Abb. 35). Bei einer geschickten Ausnutzung des Sägetischchens ist das jedoch kein Nachteil. Im Bereich des Loches finden Figur und Umrandung stets guten Halt.
Es wird sich kaum vermeiden lassen, daß man auch einmal in das Sägetischchen hineinsägt. Man sollte aber bald ein Gefühl dafür bekommen, dies zu bemerken. Abgesehen von der Beschädigung des Sägetischchens macht man sich die Arbeit nur unnötig schwer.

Platzen des Sägeblättchens

Anfangs werden recht viele der feinen Sägeblätter zerbrechen, wenn sich die Laubsäge durch noch ungeübte Haltung irgendwie verklemmt. Durch die Spannung des Bogens ist das immer eine mehr oder weniger unangenehme Angelegenheit, die manchmal auch zu Verletzungen führt.
Hat man sich dagegen an ein leichtes und lockeres Sägen gewöhnt, dann werden die Sägeblättchen seltener zerbrechen. Sie werden mit der Zeit stumpf und beißen nicht mehr so gut. Der Erfahrene tauscht das Sägeblättchen gegen ein neues aus, ehe es durch Abnutzung zerspringt. Bis dahin muß man in Kauf nehmen, daß man mit nachlassender Schärfe automatisch den Druck auf das Holz erhöht, wobei dann leicht Sägeblättchen platzen.

Sägen um die Ecke

Das dünne Sägeblatt ist sehr wendig, wenn es richtig gehandhabt wird. Scharfe Ecken sind aber immer noch zu eng, als daß es ohne weiteres um sie herumkommt. Dann müssen wir einen Trick anwenden, um der Säge wieder Spielraum zu schaffen: Wir sägen so lange auf der Stelle, bis genug Holz ausgefräst ist, daß die Säge wenden kann. Das ist besonders bei groben Sägeblättchen wichtig. Ecken und Kerben lassen sich auf diese Weise mit keinem anderen Werkzeug als der Laubsäge aussägen.
Man sollte niemals versuchen, mit Gewalt um die Ecke zu sägen. Schnell hängt die Säge fest, und bei dem Versuch, sie wieder loszubekommen, zerbricht man meist das Sägeblättchen.

Holzverbindungen

Bei der Herstellung des Holzspielzeuges stoßen wir immer wieder auf das
Problem der Holzverbindungen. Die einzelnen Teile müssen in irgend
einer Weise zusammengehalten werden. Gewiß gibt es Möglichkeiten, Holz
nur durch Holz zusammenzuhalten. Für unsere Zwecke aber sind solche
Techniken zu schwierig.
Holz „arbeitet", und so muß auch dafür gesorgt werden, daß die
Verbindungen selbst noch beim Verziehen der Teile zusammenhalten.

Leimen

Durch Leime verbindet man Holz an glatten Flächen, indem der Leim in der Fuge erhärtet und
die Verbindung der Teile durch festes Anhaften herstellt. Wenn ein geleimtes Stück einmal bricht,
dann ist es bei sauberer Verarbeitung immer eine Stelle, an der kein Leim mehr eingedrungen ist.
Das bedeutet, daß das Holz neben der Leimstelle absplittert. Das ist nicht ungewöhnlich,
denn an den Leimstellen ist die Beanspruchung in der Regel auch sehr groß.

Weißleim

Der frühere Tischlerleim, der nur in heißem Zustand flüssig war und verwendet werden konnte,
ist längst durch Kaltleim ersetzt worden. Da die verschiedenen Kaltleimfabrikate durchweg weiß
sind, spricht man allgemein von Weißleim.
Für unsere Zwecke ist ein schnell abbindender Weißleim vorteilhaft. Da wir nur kleine Mengen
brauchen, wählen wir eine Abpackung in einer Tubenflasche. Für den Gebrauch schlagen wir
einen Nagel in ein Brettchen (Abb. 36), der etwa die Stärke der Düsenöffnung besitzt. Dem Nagel

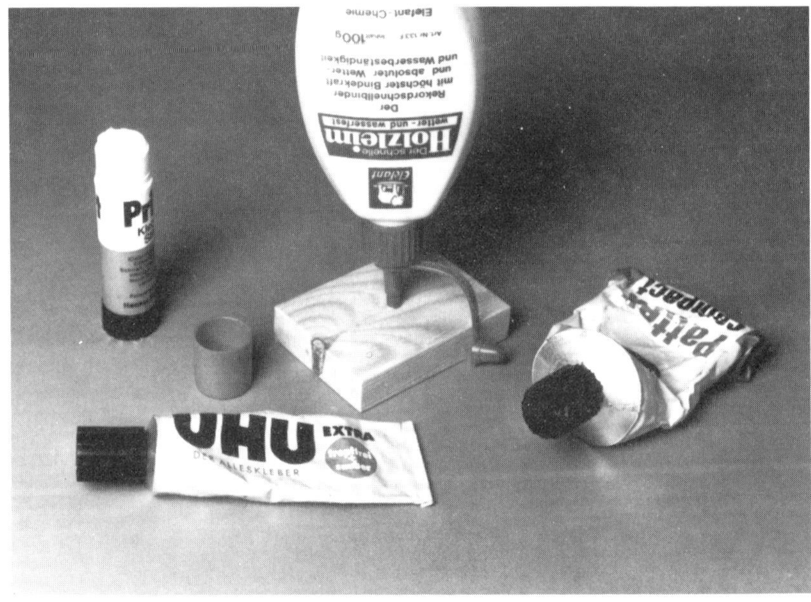

Abb. 36: Bei der Herstellung von Holzspielzeug sind verschiedene Leime notwendig. Die Weißleim-Tubenflasche stülpt man während der Arbeit offen auf einen kopflosen Nagel, den man in ein Stück Abfallholz geschlagen hat.

wird der Kopf abgekniffen, und die offene Tube kann verkehrt herum auf den Nagel gesteckt
werden. Das hat den Vorteil, daß immer Leim in die Düse sickert und beim Abheben vom Nagel
sofort austreten kann. Wenn wir die Tubenflasche richtig herum stehen lassen, fließt der Leim auf
den Boden zurück, und wir haben jedesmal Mühe damit, ihn wieder in die Düse zu bekommen.
Der Leim wird auf die zu verleimende Stelle aufgetragen und mit einem Stückchen Abfallholz
verstrichen. Auf der gesamten Fläche soll der Leim dünn verteilt sein. Dann werden die Teile

zusammengefügt und mit der Schraubzwinge gepreßt. Das Werkstück wird dabei durch Unterlegen von Abfallholzstücken vor Druckstellen geschützt. Nach etwa einer halben Stunde kann die Schraubzwinge entfernt werden, und nach 12 Stunden kann man den Leim als ausgehärtet betrachten. Solche Verbindungen sind sehr fest und bedürfen in der Regel keiner weiteren Verbindungen, wie z. B. durch Nägel.

Kontaktkleber

Eine recht bequeme Art, Holzteile zusammenzuleimen, ist die Benutzung von Kontaktkleber. Beide Teile werden dünn mit einem nicht fadenziehenden (kompakten) Kleber eingestrichen. Zu dick aufgetragenen Leim entfernt man mit etwas Abfallholz. Nun wartet man, bis der Leim leicht angetrocknet ist. Man prüft dies durch Betasten mit einem sauberen Finger. Fühlt sich die Klebstelle feucht an, dann muß noch gewartet werden. Andererseits darf man auch nicht zu lange warten, da dann die Teile, wenn sie zusammengefügt werden, nicht mehr aneinanderhaften. Das Zusammenfügen muß genau nach Plan geschehen, denn ein späteres Verschieben ist kaum noch möglich. Die Teile haften nach dem Zusammendrücken meist schon recht gut aneinander. Zur dauerhaften Verbindung soll die Klebstelle aber auch mit der Schraubzwinge zusammengepreßt werden. Es genügt ein einmaliges Anziehen der Schraubzwinge (unter dem Schutz von Abfallholzstückchen).

Alleskleber

Alleskleber ist eine glasklare Auflösung von kittenden Substanzen (tropffrei). Ähnlich brauchbar sind Klebestifte. Diese sind eine weißliche Masse in Drehhülsen. Beide Kleber dienen nur zu Dekorationsarbeiten an unseren Werkstücken, z. B. dem Aufkleben von Perücken oder dem Einsetzen von Schwänzen. Die Haltbarkeit von Klebestellen zwischen Holzteilen ist bei diesen Leimen zu gering.

Nageln

Ein Nagel in einer künstlerischen Holzarbeit ist eigentlich undenkbar. Andererseits gibt es viele Gelegenheiten, wo wir ohne Benutzung von Nägeln nicht genug Halt in die Werkstücke bekommen.

Verstärkungen

Grundsätzlich dient der Nagel zur Verbindung, wenn wenig Kontaktfläche vorhanden ist. Sperrholzteile für Hütten nageln wir ebenso wie das Gestänge von Bewegungsspielzeug. Soll es sich um eine dauerhafte und nicht verschiebbare Verbindung handeln, dann wird vorher an der betreffenden Stelle etwas Weißleim aufgetragen. Was wir sonst mit der Schraubzwinge durch

Druck bewirken, soll der Nagel bewirken. Er preßt die Teile zusammen und bleibt als Verstärkung im Holz.

Vorbohren

Ein Nagel treibt mit seiner Spitze leicht das Holz auseinander, so daß es sich spaltet. Das läßt sich dadurch vermeiden, daß man mit dem Stichel (Ahle) oder dem Drillbohrer die Nagelstelle leicht vorbohrt. Einmal wird der Nagel dann besser geführt, zum anderen platzt das Holz nicht so leicht auseinander. Wer sichergehen will, daß der Nagel nicht trotz des ja nur teilweise vorgebohrten Loches das Holz beschädigt, der stumpft die Spitze ab (Abb. 37). An einem für Spielzeugzwecke zu großen Nagel wird hier gezeigt, wie das gemacht wird: Wir stellen den Nagel mit dem Kopf nach unten auf eine feste Unterlage und klopfen mit dem Hammer einmal kräftig auf die Spitze. Der Schlag muß so geführt werden, daß der Nagel dabei nicht verbiegt. Nach einiger Übung wird man auch diese Technik beherrschen. Im Extremfall kann man auch einfach die Spitze des Nagels mit der Kneifzange entfernen. Dann stanzt sich der Nagel beim Einschlagen seinen Weg durch das Holz.

Nägel

Ein Nagel sieht im Holz nicht schön aus. Wir wählen deshalb möglichst Nägel mit „gestauchten" Köpfen. Das bedeutet, daß die Köpfe besonders klein gehalten sind und deshalb später kaum auffallen. Manche Verbindungen benötigen aber den Nagelkopf als Halt, z. B. beim Riesenrad (Abb. 119).
Hier wählen wir Messingnägel, die in der Farbe besser zum Holz passen.

Schrauben

Verbindungen einfacher Art werden wir beim Spielzeug in der Regel nicht mit Schrauben herstellen. In ständig feuchter Luft kann sich allerdings das Holz so sehr verziehen, daß ein Nagel nicht genug Halt bietet. Hier ersetzen wir ihn durch eine Schraube.

Schraubverbindungen

Für jede feste Verschraubung von Holzteilen ist das Vorbohren besonders wichtig. Wir bohren stets mit einem dünneren Bohrer, als die Schraube stark ist. Soll der Schraubenkopf versenkt werden, dann fräst man mit der Spitze eines entsprechend großen Bohreinsatzes die Vertiefung dafür aus. Das Einschrauben soll mit einem guten Schraubenzieher so leicht vor sich gehen, daß der Schraubenzieher nicht aus dem Spalt des Schraubenkopfes herausrutscht. Anderenfalls werden Metallteile losgerissen, an denen man sich verletzen kann.

Abb. 37: Damit die Nagelspitze das Holz nicht spaltet, klopft man sie mit dem Hammer stumpf; hier demonstriert an einem für das Holzspielzeug zu großen Nagel.

Schraubenachsen

Die meisten Schraubenverbindungen beim Spielzeug dienen der Befestigung von Rädern und anderen beweglichen Teilen. Dazu nehmen wir durchweg Rundkopfschrauben und passen sie sowohl in der Größe als auch mit dem Bohrloch gut an. Wo die Schraube festsitzen soll, wird ebenfalls mit einem dünneren Bohrer vorgebohrt. Wo die Teile beweglich sein sollen, ist das Bohrloch etwa 1 mm stärker als der Schraubendurchmesser herzustellen.

Unterlegscheiben

Holz auf Holz bewegt sich nicht gut, da eine zu große Reibung vorhanden ist. Das kann man leicht umgehen, indem man Unterlegscheiben benutzt. Sie machen die Teile gängiger und verhindern vor allem das Schleifen. Auch kann man mit ihnen den Abstand der Teile voneinander vergrößern.

Hütten

Als Hütten wollen wir all das Spielzeug bezeichnen, das hausartig ist und Innenraum besitzt. Im Gegensatz zu den Häusern aus Bausteinen kann man in Hütten etwas unterbringen. Damit wird außer einem eigentlichen Spielzeug auch gleich eine Aufbewahrungsmöglichkeit für Spielsachen wie Tiere und Puppen geschaffen.

Schafstall

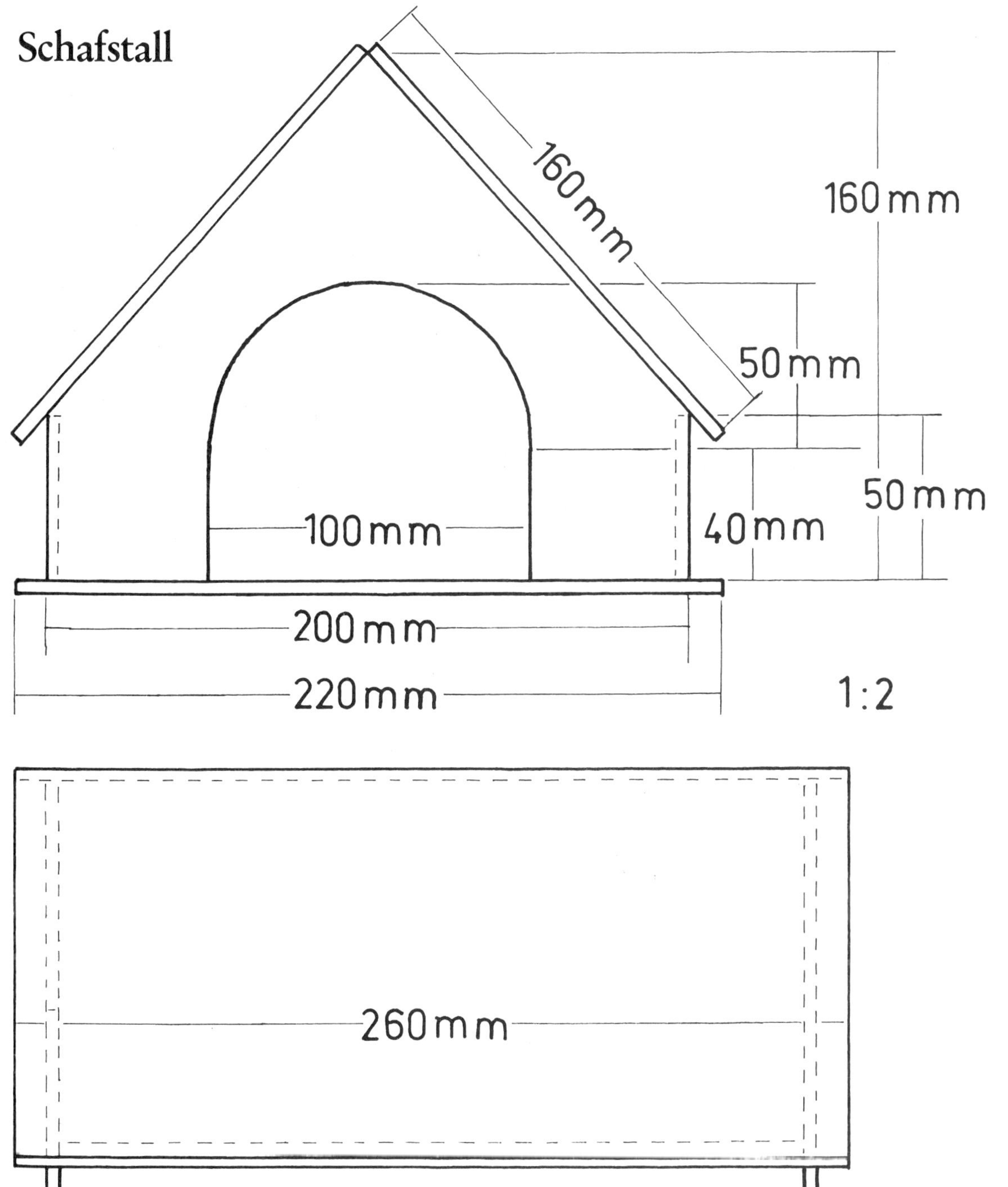

Abb. 38: Bauplan für den Schafstall.

Abb. 39: Der Schafstall wurde im Gegensatz zu den Schafen nicht mit farblosem Lack behandelt. Man erkennt an ihm noch das frische, helle Kiefernholz.

Als erstes bauen wir einen Schafstall aus 4 mm starkem Kiefernsperrholz. Das Holz ist leicht zu bearbeiten, und wir erwerben dabei eine gewisse Fertigkeit, die uns auch bei schwereren Aufgaben zugute kommt.

Teile übertragen

Es wird keine Schwierigkeiten bereiten, die Teile aus dem Bauplan (Abb. 38) in der richtigen Größe auf das Sperrholz zu übertragen. Der Maßstab im Bauplan ist 1:2. Das bedeutet, daß bei der Übertragung die Längen verdoppelt werden müssen. Richtet man sich aber gleich nach den eingetragenen Maßen, dann ist keine Umrechnung mehr nötig.

Wenn wir nicht mit Holz sparen müssen, können wir uns auch hier nach der Maserung richten. Bei den Seitenwänden und den Giebelteilen verläuft sie senkrecht (Abb. 39). Beim Dach wurde sie längs nach unten gelegt, was zur Folge hatte, daß auch der Boden entsprechend dazu ausgerichtet ist, also in der Maserung quer zum Eingang.

Aussägen

Zum Aussägen bedient man sich bei dem dünnen Holz der Feinsäge (Abb. 40). Mit ihr werden alle geraden Schnitte ausgeführt, so daß lediglich der Torbogen übrig bleibt, den wir mit der Laubsäge herausarbeiten müssen.
Da die Oberkante der Feinsäge dicker ist als das Sägeblatt, muß man so flach sägen, daß die Oberkante das Holz nicht berührt. Auf diese Weise lassen sich lange Schnitte sägen.

Schleifen

Da die Sägekanten meist etwas ungleichmäßig ausfallen, schleifen wir sie auf einem glatt auf der Tischplatte liegenden mittelgroben (80) Sandpapier so lange, bis alle Unebenheiten beseitigt sind (Abb. 41).
Danach schleifen wir die Flächen mit feinerem Sandpapier (120), das wir um den Schleifkork gelegt haben (Abb. 42). Dazu benutzen wir einen halben Normalbogen, den wir durch Ein-knicken und Durchreißen vom ganzen Bogen abgetrennt haben. Schneiden kann man Sandpapier nicht; die Schere wird dabei stumpf! Wenn die Flächen glatt genug erscheinen, brechen wir ebenso mit dem Schleifkork und demselben Sandpapier leicht die Kanten, wobei auch alle noch vorhandenen Sägespäne mit entfernt werden.

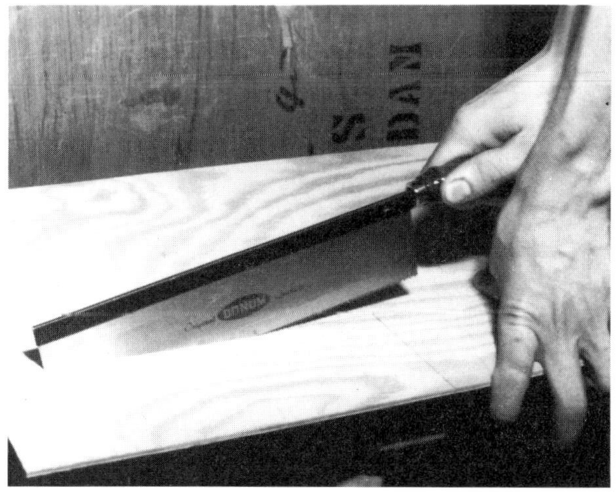

Abb. 40: Gerade Linien können im Sperrholz mit der Feinsäge geschnitten werden. Dabei muß die Säge flach gehalten werden.

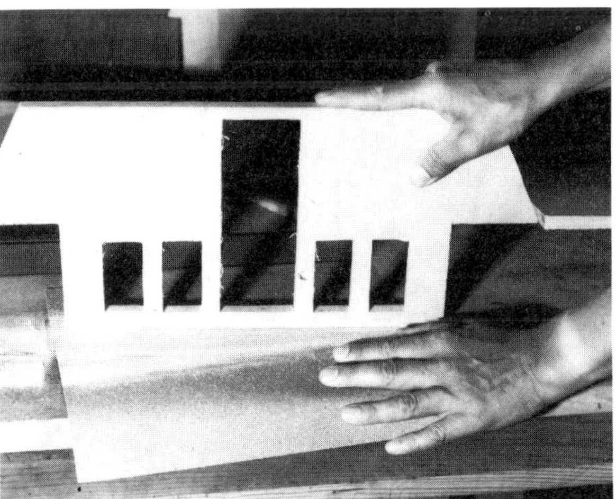

Abb. 41: Sperrholzkanten schleift man auf grobem Sandpapier, das flach auf dem Tisch liegt, bis Unebenheiten geglättet sind.

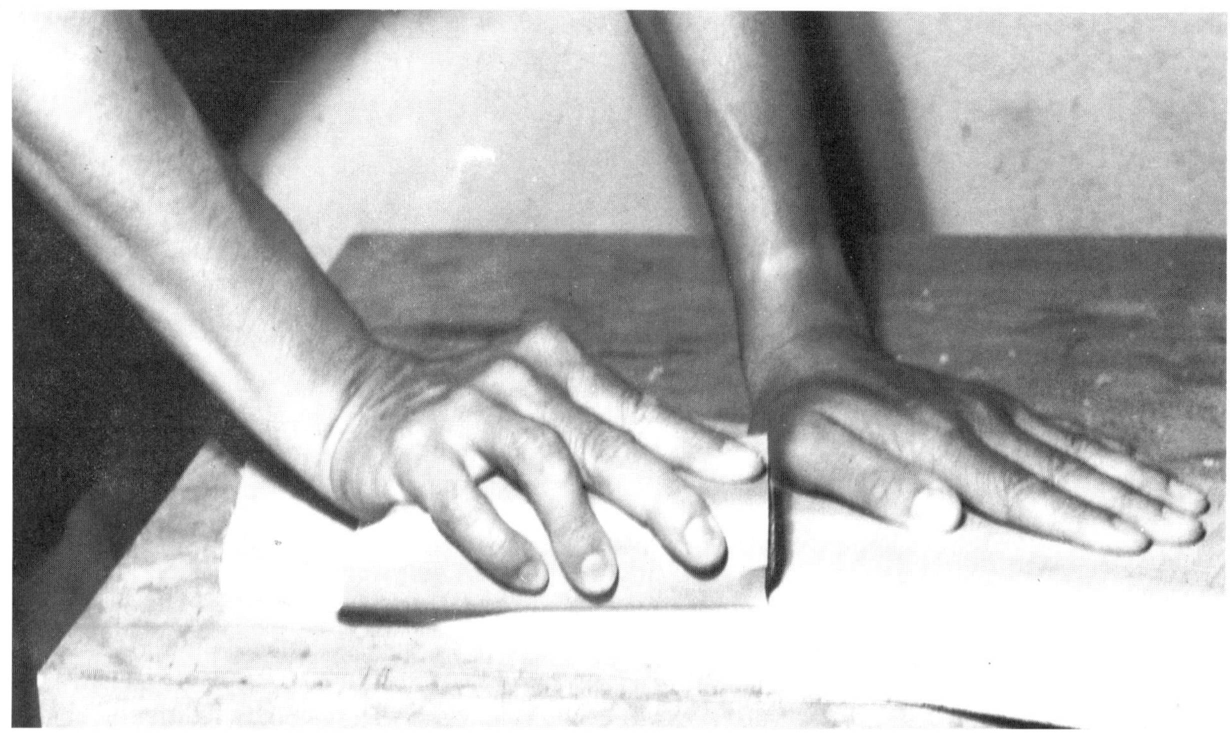

Abb. 42: Zum Schleifen von Flächen wickelt man Sandpapier um einen Korkblock, wodurch ein gleichmäßiges Bearbeiten des Werkstückes möglich wird. Auch Kanten können so nachgeschliffen werden.

Zusammenbau

Bei so dünnem Holz ist der Zusammenbau der Wände ziemlich schwierig. Man benutzt die kleinsten Nägel, die man bekommen kann. Nachdem die Nagelstellen mit dem Stichel vorgebohrt wurden, schlägt man die Nägel — an jeder Stelle zwei — so weit in das Holz der Giebelseiten, daß sie mit der Spitze ganz wenig auf der anderen Seite hervortreten. Nun streichen wir die Kanten mit etwas Weißleim ein und nageln die Teile vorsichtig zusammen. Sollte dabei ein Nagel an der Seite des Holzes hervortreten, dann versucht man, ihn mit der Zange wieder herauszuziehen und schlägt ihn nach Augenmaß etwas daneben wieder ein. Auf das entstandene Loch gibt man ein wenig Weißleim und schleift kurz darüber. Der Leim fängt das Holzschliffpulver auf, und das Loch verschwindet fast völlig. Wenn die Wände auf diese Weise zusammengesetzt sind, streicht man die Unterkante rundherum mit Weißleim ein und setzt das Gebilde gut gezielt auf die Bodenplatte. Geringfügiges Verschieben wird nach dem Trocknen des Leimes kaum Spuren hinterlassen. Nur bei größeren Abweichungen sollte man noch einmal abheben und die Bodenplatte durch Nachschleifen reinigen.

Hat man die Wände auf der Bodenplatte gut ausgerichtet, dann beschwert man sie, indem man über die Seitenwände ein Brett legt und einen schweren Gegenstand daraufstellt. Nach der Abbindezeit des Leimes (etwa 1/2 Stunde) kann man es wieder wegnehmen.

Dach aufsetzen

Die Seitenwände sind bereits so bemessen, daß nur die äußeren Kanten vom Dach berührt werden. Wir brauchen sie also nicht schräg zu schleifen. Ebenso ist es mit dem First. Wir ersparen uns das mühsame und meist wenig erfolgverspechende Einschleifen, indem wir die Kanten einfach aneinanderstoßen lassen. Damit der First auch zusammenhält, unterkleben wir ihn in der Länge des Innenraumes mit kräftigem Selbstklebeband. Dazu legt man beide Dachteile umgekehrt auf den Tisch und schiebt sie dicht zusammen. Das Klebeband wirkt als Scharnier, und wir können das Dach jetzt in der richtigen Stellung aufsetzen. Wenn alles paßt, nehmen wir es noch einmal ab und streichen die Kanten der Giebel mit Weißleim ein. Daraufhin wird das Dach wieder aufgesetzt und mit insgesamt acht Nägelchen befestigt. Das Nageln ist hier besonders schwierig, und man muß ein gutes Augenmaß besitzen, um die richtigen Stellen zu treffen.

Anmalen

Wir konnten uns nicht entschließen, das an sich schöne Holz in irgendeiner Weise zu behandeln, zumal für die Dachplatten Stücke mit interessanter Maserung und Aststellen ausgewählt wurden. Wenn aber viel mit dem Schafstall gespielt werden soll, dannn empfiehlt es sich, wenigstens das Dach hell zu beizen und die Wände sparsam mit Deckfarben zu bemalen. Nach dem Anmalen wird grundiert und lackiert wie an anderer Stelle bereits beschrieben. Da man mit dem Pinsel nicht mehr überall in das Innere des Schafstalles hineinkommt, beschränkt man sich auf die Lackierung der Außenseiten. Am Eingang soll dann eine gerade Linie den Übergang vom lackierten zum unlackierten Holz trennen.

Arche Noah

„Da sprach Gott zu Noah: Das Ende allen Fleisches ist beschlossen, denn die Erde ist voller Frevel von ihnen; und siehe, ich will sie verderben mit der Erde. Mache dir einen Kasten von Tannenholz und mache Kammern darin und verpiche ihn mit Pech innen und außen. Und mache ihn so: Dreihundert Ellen sei die Länge, fünfzig Ellen die Breite und dreißig Ellen die Höhe. Ein Fenster sollst du daran machen obenan, eine Elle groß. Die Tür sollst du mitten in seine Seite setzen. Und er soll drei Stockwerke haben, eines unten, das zweite in der Mitte, das dritte obenan."
So steht es in der Bibel. Aber noch keiner hat die Arche Noah nach den angegebenen Maßen gezeichnet oder als Modell gebaut. Die Maße eignen sich einfach nicht für ein gut proportioniertes Modell. Wir haben uns deshalb auch die Freiheit genommen, sie in geeigneter Weise zu verändern und den gesamten Aufbau zu vereinfachen.

Starkes Holz

Eine Arche Noah ist ein Spielzeug, das im Vergleich zu einem Schafstall viel größere Belastungen aushalten muß. Deshalb wählen wir 10 mm dickes Sperrholz. Wir haben meist die Wahl zwischen Limba und Buche. Limba ist zu empfehlen, wenn man wegen zu geringer Übung weicheres Holz bevorzugen will. Fester wird die Arche Noah aus Buchensperrholz. Es erfordert dann aber schon erheblichen Kraftaufwand, die Teile zurechtzuschneiden.

Übertragung

Die Übertragung der Bauteile vom Plan, der diesmal im Maßstab 1:3 gehalten ist (Abb. 43) erfordert einen größeren Aufwand als die Übertragung der Teile des Schafstalles. Aber mit etwas Geduld und Geschick bekommt man die Formen auch hierbei auf das Holz (Abb. 44). Dabei

Abb. 44: Die Maße und Figuren aus dem Bauplan werden sorgfältig auf das Sperrholz übertragen.

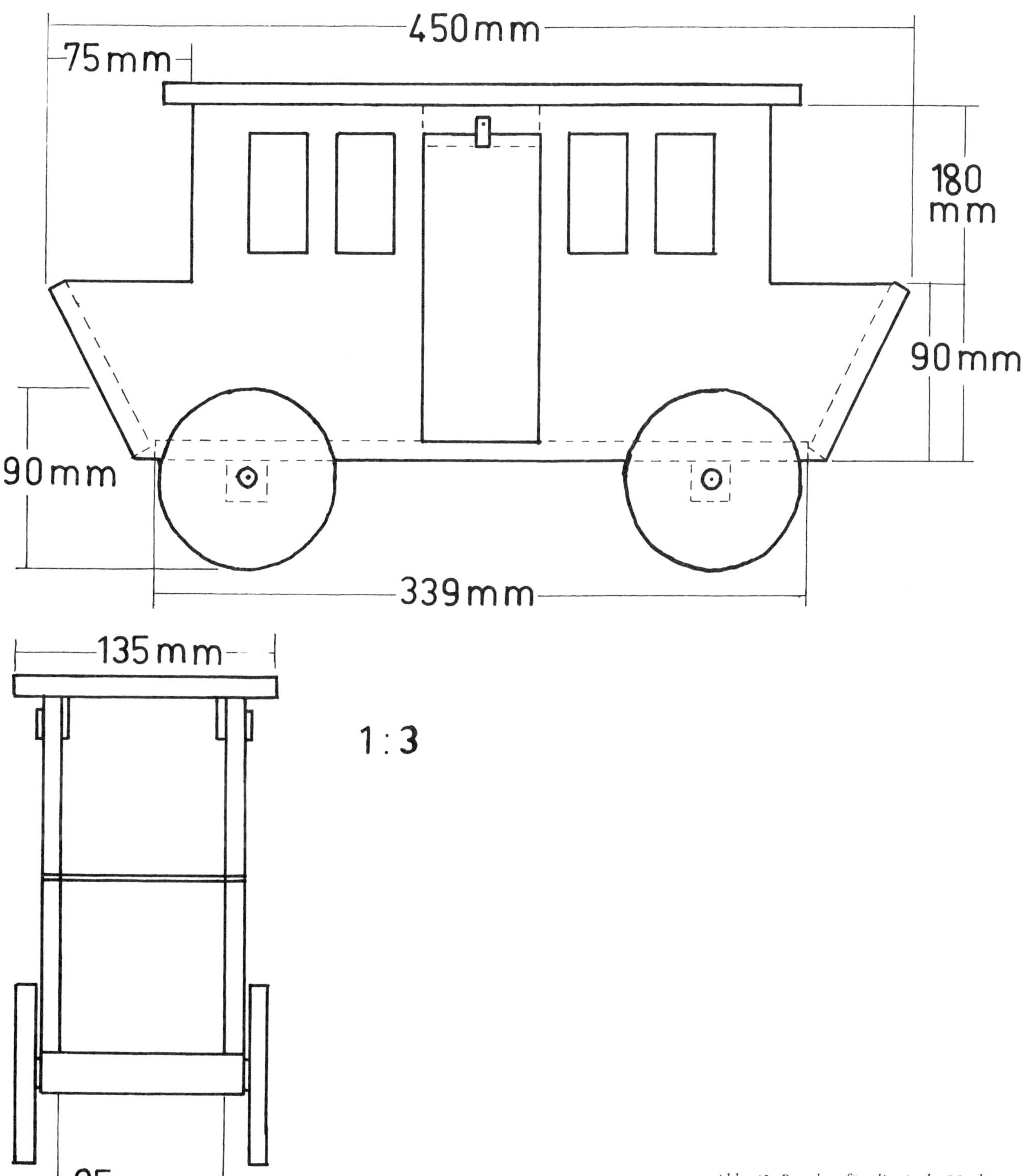

Abb. 43: Bauplan für die Arche Noah.

sollte man jedes Teil einzeln zeichnen und nicht erst eins aussägen und als Schablone für das entsprechende zweite benutzen. Alle Fehler, die bei der Bearbeitung aufgetreten sind, würden dabei verstärkt, und durch die Dicke des Bleistiftstriches würde das zweite Teil auch größer ausfallen.

Aussägen

Soweit es sich um gerade Linien handelt, an die man von außen herankommt, kann man mit dem Fuchsschwanz sägen. Dabei achte man darauf, daß der Schnitt möglichst gleichmäßig an dem Bleistiftstrich entlang erfolgt. Auch kontrolliert man das Geradehalten der Säge, um sich unnötige Nachbearbeitungen zu ersparen.
Fenster und Tore müssen mit der Laubsäge ausgesägt werden. Wir bohren mit dem Drillbohrer jeweils in einer Ecke ein Loch, stecken zum Sägen das erst an einer Seite eingespannte Sägeblättchen hindurch und befestigen es anschließend mit der zweiten Schraube des Bügels. Nach dem Aussägen lösen wir die Säge in derselben Weise (Abb. 45).
Bei den Toren müssen die Bohrlöcher besonders genau in einer Ecke liegen, da wir die ausgesägten Stücke als Tore verwenden wollen. Damit sie später in die Öffnungen hineinpassen, zeichnen wir auf der Rückseite an einer Stelle einen Kreis oder ein Dreieck über die Schnittstelle. So können wir das Teil ohne Schwierigkeiten wieder in der passenden Stellung in den Rahmen setzen.

Ausrichten

Wenn man die beiden großen Seitenwände aus so hartem und dickem Holz ausgesägt hat, wird es sicher einige Ungenauigkeiten in der Übereinstimmung geben. Deshalb werden die beiden Teile mit einer Schraubzwinge auf dem Tisch befestigt und die Kanten mit einer Raspel so lange bearbeitet, bis sie die größtmögliche Übereinstimmung aufweisen (Abb. 46).
Das Schleifen der Kanten und Flächen erfolgt wie beim Schafstall. Zum Versäubern der Fensteröffnungen benutzt man zusammengefaltete Sandpapierstücke.

Zusammenbau

Vor dem Zusammenbau beizt man die Räder grün und das Dach rot, denn später kommt man an die verdeckt liegenden Stellen nicht mehr heran.
Die Teile werden nun wie beim Schafstall zusammengesetzt. Man hat es hier leichter, weil das Holz dicker ist. Bei Buchensperrholz ist allerdings das notwendige Nageln schwierig, weil die Nägel leicht umknicken. Dann muß man den betreffenden Nagel wieder herausziehen und einen neuen Versuch unternehmen.
Das Dach ist flach gehalten, damit der Zusammenbau leichter gelingt, denn hier fehlen die stützenden Giebelwände. Die Tore werden an beiden Seiten mit kleinen Scharnieren befestigt. Damit sie sich in den Rahmen hineinbewegen lassen, muß die Oberkante nach innen hin rund

78

Abb. 45: Beim Aussägen von Fensterhöhlungen muß das Sägeblättchen erst durch das Bohrloch gesteckt werden, ehe es auch am zweiten Ende in der Laubsäge befestigt wird.

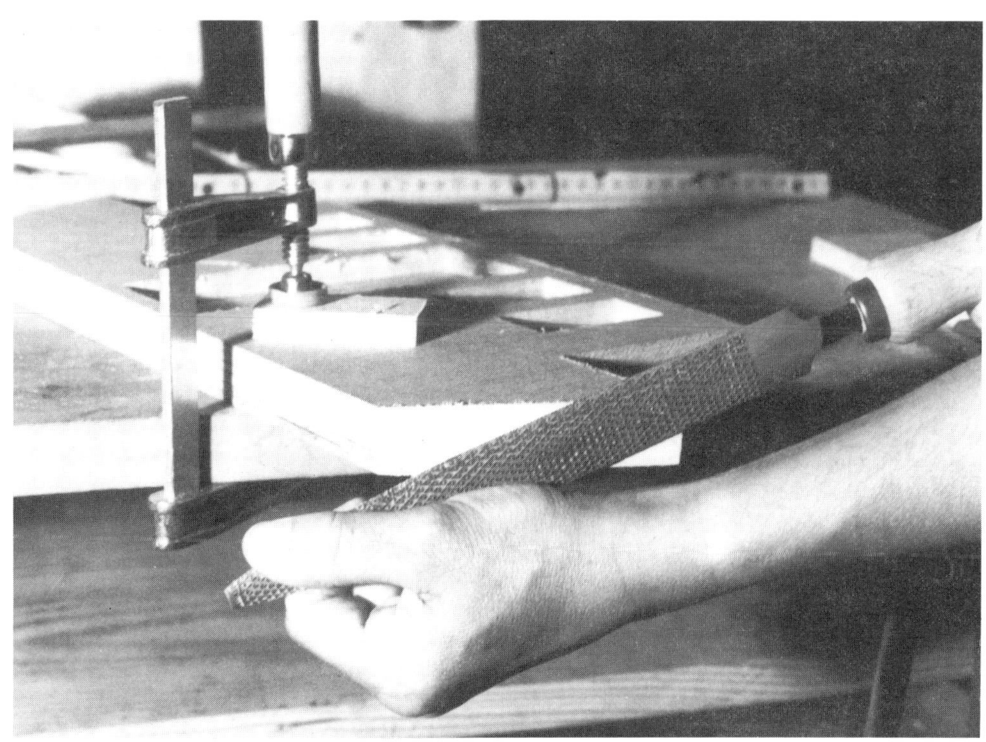

Abb. 46: Bei dickem Holz beseitigt man Abweichungen bei zwei Bauteilen, die gleich sein sollen, indem man sie mit der Schraubzwinge übereinanderpreßt und mit der Raspel nachfeilt (ausrichtet).

Abb. 47: In der fertigen
Arche Noah finden
Holztiere und -puppen
Platz. Sie dient so auch
als Aufbewahrungs-
kasten.

Abb. 48: Die stabile Bauweise ist beim Spielen mit der Arche Noah sehr vorteilhaft.

geschliffen werden. Als Anschlag wird an der Türöffnung unter dem Dach ein schmales Brettchen befestigt. Außen dient ein kleiner Holzriegel, der mit einem Messingnagel drehbar befestigt ist, zum Verschließen. Für die Befestigung der Räder schneiden wir uns entsprechend starke Leisten aus Kiefern- oder Fichtenholz zu, die an jeder Seite 2 mm überstehen. Buchenholz ist zum Hineindrehen der Schrauben zu hart.

Jetzt wird die Arche Noah innen und außen lackiert. Die Räder wurden nach dem Verfahren auf Abb. 21 gebeizt und lackiert. Erst danach schraubt man sie fest. Dabei ist darauf zu achten, daß das Bohrloch die richtige Weite besitzt, damit das Rad nachher weder festsitzt noch wackelt. Auf beiden Seiten der Räder werden Unterlegscheiben verwendet.

Der Bau einer so stabilen Arche Noah kann etwa drei Tage in Anspruch nehmen. Aber der Aufwand lohnt sich, wenn man sieht, wie gern die Kinder mit ihr spielen (Abb. 47 und 48).

Holztiere

Tiere sind als Holzspielzeug sehr beliebt. Wir können auf recht einfache Weise die verschiedensten Figuren herstellen. Da kunstvolle Schnitzarbeiten im Rahmen dieses Buches nicht in Frage kommen, muß eine andere, einfachere Technik angewendet werden. Die Tiere sollen in erster Linie Laubsägearbeiten sein, und zwar — wenn nichts anderes angegeben ist — aus 15 mm dickem Holz.

Entwerfen

In dem Buch sind Vorlagen für mancherlei Tiere enthalten, die direkt übernommen werden können. Vielleicht will man sie auch anders gestalten oder hat den Wunsch, weitere Tierarten herzustellen. Dann muß man sich selbst Vorlagen entwerfen, die unserer Herstellungstechnik gerecht werden.

Zweibeiner

Der Bildhauer hat die Möglichkeit, Tiere mit ihren vier Beinen (bei Vögeln zwei Beinen) darzustellen. Die Bronzeplastik der Bremer Stadtmusikanten von Gerhard Marcks auf dem Marktplatz in Bremen ist weit bekannt. Wenn man sich die Figuren in einer silhouettenhaften Ansicht (Abb. 49) ansieht, dann wird in der Seitenansicht aus manchem Beinpaar nur noch ein Beinumriß. Wir können diese Erscheinung für das Entwerfen von Holztieren aufnehmen und Beinpaare zu jeweils einem massigeren Bein umbilden. Dadurch erreichen wir für die „Zweibeiner" größere Standfestigkeit. Damit deutlich wird, was hier gemeint ist, wurde ein erster Entwurf für die Bremer Stadtmusikanten in Anlehnung an die Bronzeplastik ausgeführt (Abb. 53). Wer die Art der Figuren mag, der kann sie nach der Vorlage aus 20, 15, 10 und 5 mm dickem Holz aussägen und auch aufeinanderstellen. Zwar tragen die Tiere bereits Gesichtszüge, die dem Kindchenschema entsprechen, doch sind sie sonst von den anderen Tierformen im Buch recht verschieden.

Abb. 49: Bronzeplastik der Bremer Stadtmusikanten von Gerhard Marcks auf dem Marktplatz in Bremen.

Spieltiere

Das, was beim Kunstwerk die Eigenart und Eigenwilligkeit des Künstlers verkörpert, ist hier wieder mehr ins Kindliche zurückgeführt worden. Sie sind in ihrer „herzigen Pummeligkeit" mehr Spieltiere. Sie wurden aus Kiefernholz gearbeitet (Abb. 50 bis 53). Auch hier wird das Holz von Tier zu Tier dünner, d. h. 20, 15, 10 und 5 mm. Mit den Tieren kann einzeln gespielt werden. Man kann sie auch übereinanderstellen. Dazu wurde für den Hahn der aus Holz gearbeitete Katzenschwanz als Unterstützung gewählt. Ohne diesen Trick wäre es zu schwierig, ihn oben darauf zu stellen. Bei allen Tieren verläuft die Maserung senkrecht. Das ist wichtig, damit Beine, Ohren und Schwanz nicht abbrechen können, falls einmal ein Tier herunterfällt.

Abb. 50: Mit den Tieren der Bremer Stadtmusikanten kann in mannigfaltiger Weise gespielt werden.

Abb. 51: Die Tiere der Bremer Stadtmusikanten sind so entworfen, daß sie leicht übereinandergestellt werden können. Deshalb wurden auch verschiedene Holzstärken gewählt. Der Hahn stützt sich schließlich noch auf dem Schwanz der Katze ab.

Abb. 52: Vorlagen für die Figuren der Bremer Stadtmusikanten in Anlehnung an die Plastik; Holzstärken 20, 15, 10 und 5 mm.

Tierkundebuch

Zum Entwerfen neuer Tierformen brauchen wir Vorlagen. Heute sind viele Tierbücher im Gebrauch. Obwohl sie meist sehr gute Fotos enthalten, sind alte Bücher wie Schmeils Tierkunde oder Brehms Tierleben günstiger, da in ihnen die Abbildungen in mühsam angefertigten Holzschnitten oder Zeichnungen wiedergegeben sind.

So versuchen wir, nach den Vorlagen der Tierbücher Formen zu schaffen, die für unsere Zwecke geeignet sind (Abb. 54). Es darf keine schwachen Stellen geben, an denen später das Spieltier zerbrechen würde, wenn es stärker beansprucht wird. So sind die Beine immer etwas plump, aber das paßt in unser Schema. Auch bei Ohren muß man aufpassen, daß sie fest genug sind.

Ein wenig Übertreibung kann auch hier nicht schaden.

Schablonen

Vom ersten Entwurf bis zur endgültigen Ausführung ist es ein weiter Weg, wenn man bedenkt, daß eine Form auf dem Zeichenkarton anders aussehen kann als nachher in Holz gearbeitet.

Abb. 54: Beim Entwerfen von neuen Tierfiguren nimmt man Abbildungen aus Büchern zur Hilfe. Die Formen müssen für die Holzarbeiten entsprechend abgeändert werden.

Durchzeichnen

Zur Übertragung auf das Holz dürfen wir unseren Entwurf oder die Vorlage aus dem Buch nicht zerstören, indem wir die Muster direkt als Schablone ausschneiden. Also fertigt man sich eine Kopie an. Dazu wird ein durchscheinendes Papier auf die Vorlage gelegt, und man zeichnet darauf die Umrisse nach. Aus der Kopie werden dann die Umrisse ausgeschnitten. Man hat dann Schablonen, die man auf das Holz legt und durch Umfahren mit einem weichen Bleistift nachzeichnet.

Ausrichten

Mit der Schablone läßt sich die Tierform auf dem Holz ausrichten. Wir suchen den richtigen Verlauf der Maserung, d. h. die Richtung, in der am wenigsten abbrechen kann, wenn das Tier ausgesägt ist. Alle Tiere mit längeren Beinen müssen also längs zur Holzfaser (Maserung) stehen (Abb. 55). Tiere mit kurzen Beinen, z. B. Schweine, können auch quer zur Maserung ausgerichtet werden. Das ist insofern günstig, als ohnehin eine Betonung der Waagerechten bei dieser Form naheliegt.

Es ist auch der Vorteil von Schablonen, daß man mit ihrer Hilfe die günstigste Stelle in der Maserung suchen kann. Der Elefant (Abb. 8) konnte nur durch Hin- und Herschieben einer Schablone so gut an die Maserung angepaßt werden. Dabei läßt sich das Holz nicht immer günstig ausnutzen, und es entsteht viel Abfall. Aber ein gut gelungenes Holztier rechtfertigt die kleine „Verschwendung" durchaus.

Nach dem Anzeichnen wird nach den Regeln ausgesägt, die unter dem Stichwort Laubsäge-arbeiten ausgeführt worden sind. Bereits im Rohling erkennt man, ob die Proportionen günstig ausgefallen sind oder ob sie durch die Dicke des Holzes anders erscheinen, als man sie sich beim Entwurf vorgestellt hatte. Diese Beurteilung sollte man sehr kritisch vornehmen, ehe man eine größere Anzahl von derselben Tierart herstellt.

Glätten

Das ausgesägte Tier ist ein Rohling, dem man durch sorgfältiges Glätten erst die feineren Formen eines Tieres geben muß.

Feilen

Mit einer feinen Feile lassen sich die Kanten recht gut abrunden (brechen). Dazu sitzt man günstig am Werktisch und hält den Rohling gegen die Tischkante. So bekommt man beim Feilen den besten Halt (Abb. 56). Eine mittelgroße Halbrundfeile eignet sich gut für diese Arbeit, weil man mit ihr auch in Ecken und Winkel des Rohlings hineinkommt.

Schleifen

Die eigentliche Feinarbeit beginnt beim Schleifen mit Sandpapier. Dazu reißt man sich kleinere Stücke vom Sandpapierbogen ab und faltet sie mehrmals. So entstehen handliche und feste Schleifhilfen, mit denen man gut die Formen erfassen kann (Abb. 57). Die Stärke des Schleif-papiers soll fein sein, z. B. 100, 120 oder 150. Wenn wir die Laubsäge wie empfohlen angesetzt hatten, ist am eigentlichen Schnitt nichts zu glätten. Sollte der Schnitt nicht senkrecht zur Oberfläche liegen, also schief sein, dann ist weder durch die Feile noch mit Schleifpapier etwas zu korrigieren. Man sägt dann besser das Tier noch einmal aus.

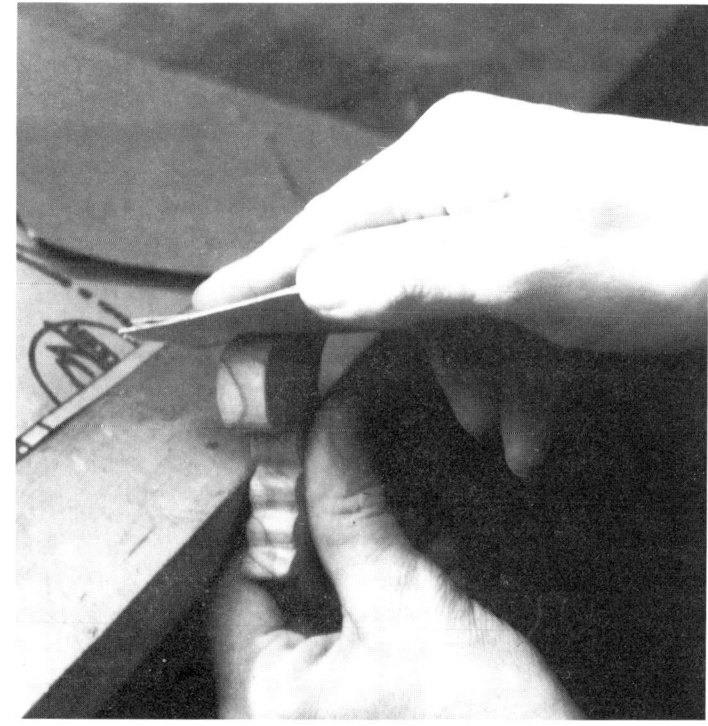

Zuletzt muß das Tier auf Standfestigkeit geschliffen werden. Entsprechend dem Bild bei den Puppen (Abb. 87) stellt man es senkrecht auf grobes Sandpapier (50 oder 60) und schleift behutsam unter ständiger Kontrolle, ob es senkrecht steht. Das Standfestschleifen erfordert einige Übung, und es ist nicht ungewöhnlich, wenn das Ergebnis am Anfang nicht immer befriedigt. Am besten probiert man erst einmal an Abfallholz, wie man die Standfestigkeit am günstigsten einschleifen kann.

Anmalen

Beim Anmalen gilt wie bei fast allen Spielsachen die Kunst des Weglassens. Wir gehen deshalb sehr sparsam mit Farbe um.

Deckfarben

Wie schon bei den Gesichtern können wir bei der Bemalung des ganzen Tieres nur Deckfarben benutzen, wenn lediglich Teile der Flächen bemalt werden sollen (Abb. 58). Das ist zwar gegen die Vorstellung, daß das Holz an sich wirken soll, aber andere Farben würden verlaufen. Bei den beiden Pferdchen (Abb. 59 und 60) wurde das eine stärker bemalt. Die Mähne ist in der ganzen

*Abb. 58: Vorlagen für
verschiedene Pferdeformen.*

Fläche farbig und damit auch das Holz verdeckt. Damit ist es aber zu einer kindgemäßen
Ponyfigur geworden und wird sicher seine Liebhaber finden.
Die zweite Pferdefigur könnte eigentlich auch ganz ohne Farbe bleiben. Es handelt sich um eine
auch in der Volkskunst bereits verfremdete Form. Hier wurden Zugeständnisse gemacht und
Augen und Mähne wenigstens angedeutet.

92

Abb. 59: Die Holztiere sollen nur sehr sparsam bemalt werden. Dazu sind Deckfarben am besten geeignet.

Abb. 60: Durch verschieden starke Bemalung erreicht man unterschiedliche Wirkungen, wie hier bei den beiden Pferdchen.

Schwänze

Die Schwänze der Tiere sind meist nicht durch Anmalen zu gestalten. Es stört aber das ästhetische Empfinden nicht, wenn man sie aus Bindfaden oder Wolle nachträglich ansetzt. Mit einem entsprechend breiten Drillbohrereinsatz wird das Loch vorgebohrt (Abb. 61) und dann der Schwanz in drehender Bewegung oder mit Hilfe einer sehr spitzen Pinzette eingesetzt. Zum Festhalten wird nach dem Einpassen der Schwanz noch einmal herausgenommen, ein Tropfen Alleskleber in das Loch gedrückt und der Schwanz wieder eingesetzt.

Beizen

Die Häschen und Waldbäume (Abb. 62 und 63) z. B. müßten ganzflächig bemalt werden, so daß durch die Deckfarbe die Holzstruktur völlig verschwinden würde. Also kommt hier besser das Beizen in Frage. Die kleinen Hasen kann man mit der Pinzette greifen und ganz in die Beize eintauchen. Die tropfenförmig ablaufende Beize müssen wir abtupfen, damit die Färbung nicht ungleichmäßig ausfällt. Bei den größeren Bäumen ist das Beizen mit dem Pinsel erforderlich. Die Spieltiere werden nach dem Bemalen oder Anbeizen grundiert und farblos lackiert.

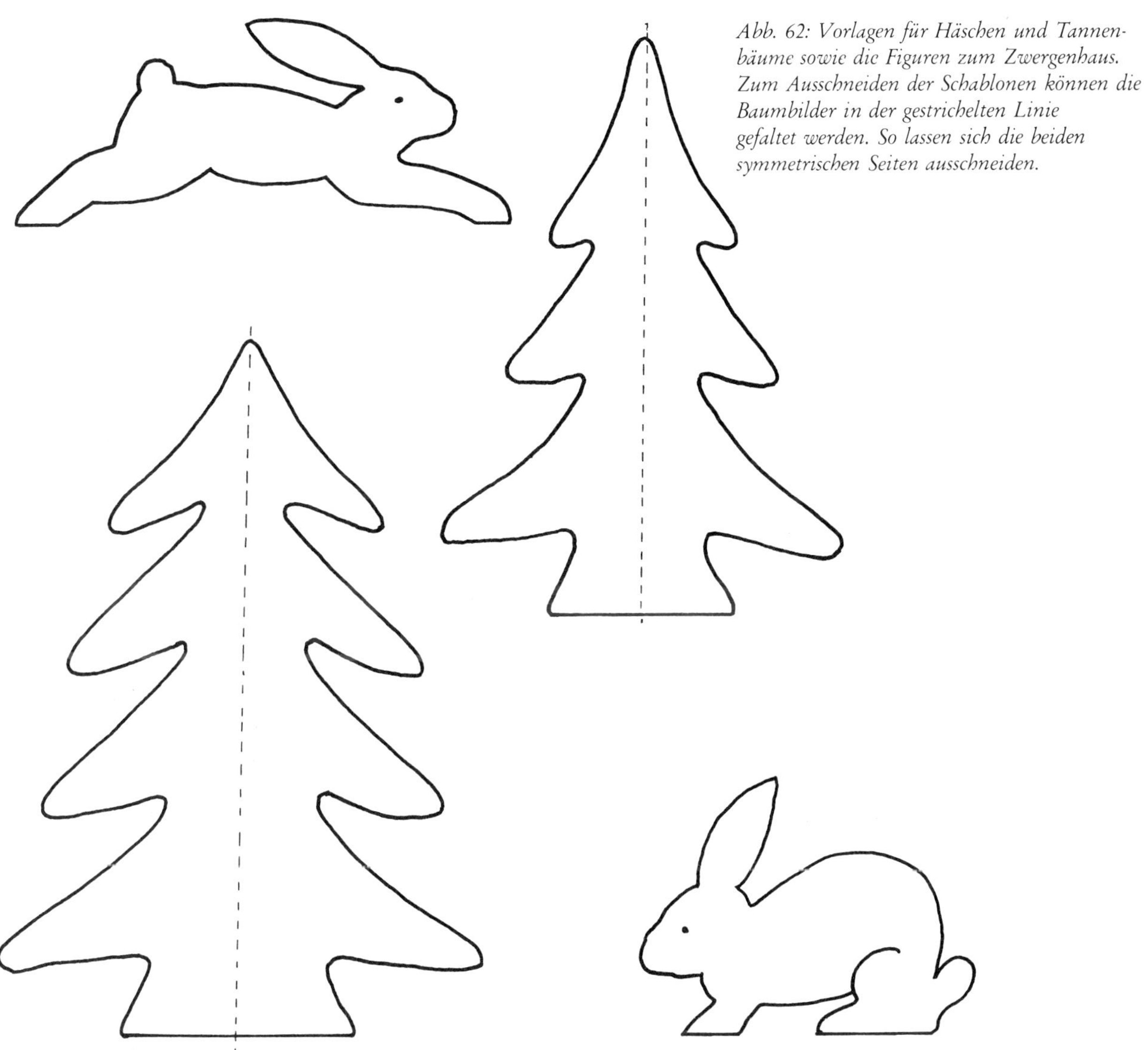

Abb. 62: Vorlagen für Häschen und Tannenbäume sowie die Figuren zum Zwergenhaus. Zum Ausschneiden der Schablonen können die Baumbilder in der gestrichelten Linie gefaltet werden. So lassen sich die beiden symmetrischen Seiten ausschneiden.

Abb. 61: Schwänze werden meist aus Bindfaden oder anderem Material angesetzt. Dazu bohrt man mit dem Drillbohrer das Loch, in das der Schwanz mit Alleskleber eingesetzt wird.

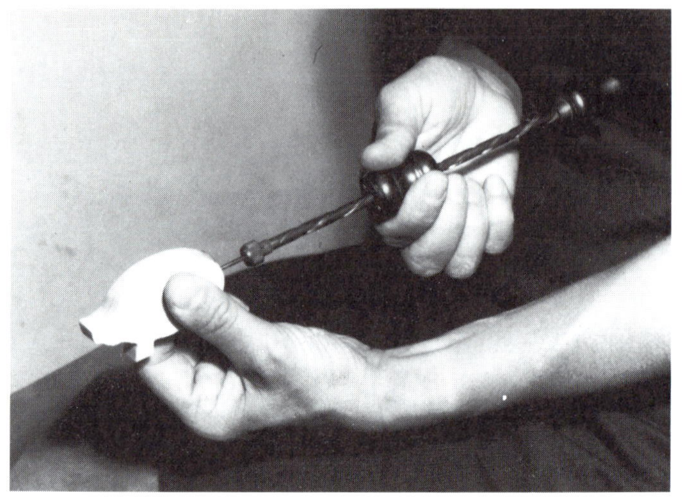

Abb. 63: Durch Beizen bleibt bei diesen Figuren die Holzstruktur besser erhalten als beim Bemalen mit Deckfarbe.

Haustiere

Ein reiches Betätigungsfeld für die Herstellung von Holztieren sind die Haustiere. Bis man alle
Arten zusammen hat, hat man einiges zu tun. Einen Grundbestand sollen die Anregungen
im Buch darstellen.

Schweine

Die Alttiere der Schweine stehen im richtigen Verhältnis zu den anderen Großtieren. Die Ferkel,
von denen wir gar nicht genug herstellen können, sind kleiner und aus 10 mm dickem Holz
(Abb. 64 und 65). Die Maserung liegt bei den Tieren quer, wie bereits an anderer Stelle ausgeführt
wurde. Die kurzen Beine erlauben dies, und es sieht auch besser aus. Durch geschickte Auswahl
der Maserung lassen sich auch besondere Effekte erzielen. Zufällig trat nach dem Aussägen einmal
ein Ferkel auf, bei dem am Kopf die Maserung unregelmäßig verlief. So hatte es ungewollt einen
„Scheitel" bekommen, und man erheiterte sich sehr daran.

*Abb. 65: Vorlagen für Schweine (Ferkel aus 10 mm
starkem Holz).*

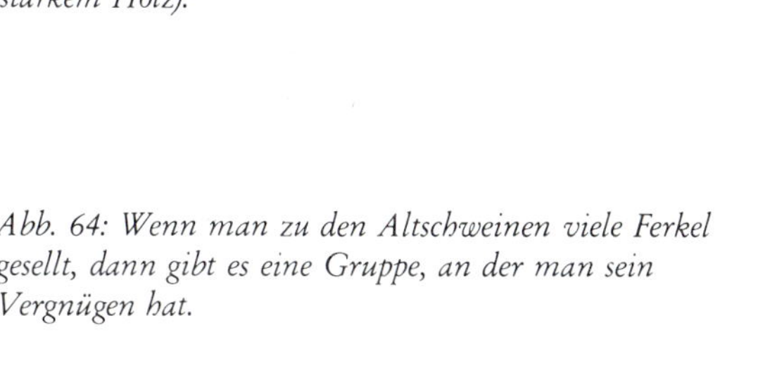

*Abb. 64: Wenn man zu den Altschweinen viele Ferkel
gesellt, dann gibt es eine Gruppe, an der man sein
Vergnügen hat.*

Hühner

Im Vergleich zum Hahn der Bremer Stadtmusikanten ist das Hühnervolk (Abb. 66 bis 68) hier wesentlich größer ausgeführt. Das hat seinen Grund darin, daß die Küken nicht zu klein ausfallen sollen. Auch spielt es sich besser mit den größeren Tieren. So haben die Hühner selbst die Größen der anderen Tiere, obwohl dies ein unnatürliches Verhältnis ist.

Abb. 66: Vorlagen für Hühner und Küken
(Holzstärke der Küken 10 mm).

Abb. 67: Bei der Herstellung der
Hühnergruppe konnte die Holzstruktur (Maserung) gut ausgenutzt
werden.

Abb. 68: Zu einer Glucke braucht
man eine größere Anzahl von
Küken.

99

Schafe und Hund

Die bereits beim Schafstall (Abb. 39) gezeigten Schafe sind durch die Rundungen als ungeschorene Tiere dargestellt. Dadurch erscheinen sie rundlicher und entsprechen mehr unserem Schema (Abb. 69). Dazu wurde nicht der Hund der Bremer Stadtmusikanten ausgesucht, sondern ein Spitz. Zu ihm passen die Rundungen, die die Schafe vorgeben, besser. Als Gruppe lassen sich Schafe und Hund auch mit einer Schäferpuppe zusammenstellen (Abb. 70).

Abb. 69: Vorlagen für Schafe und Schäferhund (Spitz).

Die Grundform der Schafe kann auch abgeändert werden. Durch Anmalen von Gehörn entstehen Heidschnucken.

Abb. 70: Auch wenn man keinen Schafstall baut, ist der Schäfer mit Hund und Schafen eine schöne Gruppe.

Gänse

Auch Gänse passen in den natürlichen Größenverhältnissen nicht zu den Großtieren. Wir haben sie deshalb wie die Hühner übergroß dargestellt. Da aber die Proportionen anders sind, wurde hierzu nur 10 mm dickes Holz genommen (Abb. 71). Als Gruppe können die Gänse mit einer Holzpuppe „Gänseliesl" (Abb. 72) zusammengestellt werden.
Bei Gänse- wie Hühnerbeinen ist auf die übertrieben groß wirkende Standfläche zu achten.
In natürlichen Proportionen würden diese Holztiere keine Standfestigkeit besitzen.

Abb. 71: Vorlagen für Gänse (Holzstärke 10 mm).

Es sind verschiedene Bewegungsformen sowie ein Gänseküken dargestellt.

Abb. 72: Mit einer Holzpuppe zusammen ergeben die Gänse eine Märchengruppe „Gänseliesel".

Zootiere

Abb. 73: Vorlagen für Zootiere in Originalgröße.

Ein weiteres Vorbild ist für uns die Welt des Zoos. Die Mannigfaltigkeit der Tiere ist unerschöpf-
lich. Und wer gern selbst Tierformen entwirft, wird schnell über die wenigen Beispiele hier
im Buch hinauskommen.

Tiere im Käfig

Zum Spielen sind die Elefanten, Giraffen und Löwen (Abb. 73) bereits ein guter Grundstock.
Man wird mit ihnen spielen, indem man sie in einzelne Käfige verteilt. Die Gatter (Abb. 74) sind
einfach aus Leistenstücken der Stärke 15 x 15 mm herzustellen. Man bohrt in sie jeweils zwei
Löcher und fügt Rundhölzer von 8 mm Durchmesser ein.

Abb. 74: Beim Spielen werden den Zootieren gern Gehege aus einfachen Zäunen gebaut.

Einzeltiere

Weniger zum Spielen als zum kleinen Geschenk unter Erwachsenen oder Kindern eignen sich Einzeltiere. Irgendwo finden sie ihren Platz, und man kann sich an ihnen freuen. In unserem Beispiel hat sich die Mutter ein Afrikabild von ihren Kindern malen lassen. Nun stehen zwei Giraffen davor (Abb. 75).

Abb. 75: Als Einzeltiere haben die Giraffen eine besondere Wirkung vor einer Kinderzeichnung mit einem afrikanischen Motiv.

Affen

Besondere Belustigung lösen stets Affenfiguren aus. Unsere Beispiele (Abb. 76 und 77) sind Phantasieaffen, keine bestimmten Arten. Aber sie haben Affenmerkmale, und das genügt. Sie können als Zootiere zum Spielen benutzt werden.

Abb. 76: Vorlagen für Affenfiguren.

Abb. 77: Es sind keine bestimmten Affen. Aber sie haben typische Affenmerkmale und erheitern dadurch die Menschen.

Arche Noah

Die Arche Noah bauten wir eigentlich als Spielgerät und Aufbewahrungskasten für Tiere. Alle Tiere, die wir aus Holz hergestellt haben, können nun darin Platz finden (Abb. 47 und 48). Dabei spielt es kaum eine Rolle, ob Tiere in unnatürlichen Größenverhältnissen zueinander stehen. Tier bleibt Tier, und die Kinder sind darin nicht kleinlich.

Märchentiere

Holzspielzeug steht in enger Beziehung zur Märchenwelt. Durch Austauschen der Schafe gegen Schweine beim Schafhirten verwandelt man leicht die Gruppe zum „Schweinehirten". Auch „Gänseliesl" (Abb. 72) ist bereits eine Märchengruppe. Eine weitere Märchengruppe können wir als „Rotkäppchen" (Abb. 78) zusammenstellen. Eine Holzpuppe erhält die passende Ausstattung, und die Bäume aus der Hasengruppe sowie der Hund der Bremer Stadtmusikanten — diesmal dunkel gebeizt — ergeben alles, was gebraucht wird.
Anhand der Märchengruppe kann das Märchenerzählen oder -vorlesen mit den Kindern lebendiger werden.

Abb. 78: Die Zusammenstellung bereits vorhandener Figuren ergibt hier die Gruppe „Rotkäppchen". Der Wolf ist derselbe Hund wie bei den Bremer Stadtmusikanten, nur dunkel gebeizt.

Steckigel

Im Gegensatz zu den bisher angefertigten Tieren, die aus Brettern flach gesägt wurden, soll zuletzt noch eine Anregung gegeben werden, wie man ein Tier in drei Dimensionen, also räumlich, darstellt.

Im Grunde genommen ist es nur ein Steckspielzeug. Kleine Kinder spielen bekanntlich gern mit Gegenständen, die sich zusammenstecken und wieder auseinandernehmen lassen. Zu diesem Zweck bietet sich der Igel als Holzspielzeug an.

Rumpf

Diesmal wählen wir, wenn möglich, Lindenholz. Es wird ein recht großer Klotz gebraucht. Für unser Beispiel hatte er die Maße 160 x 90 x 60 mm. Linde läßt sich gut bearbeiten. Ersatzweise können wir aber auch anderes Holz benutzen.

Die eintönige Lindenholzstruktur macht bei diesem Tier nicht viel aus, da die Stacheln die Oberfläche ohnehin weitgehend verdecken. Zur Bearbeitung zeichnet man sich die Umrisse grob auf den Klotz und sägt mit dem Fuchsschwanz weg, was mit ihm zu bewältigen ist. Das Werkstück ist dabei und bei den folgenden Arbeiten mit einer Schraubzwinge am Werktisch befestigt. Zum Schutz des Tisches ist ein Stück Abfallholz untergelegt. Als nächstes versucht man, dem Körper mit dem Stecheisen rundliche Formen zu geben. Ecken und Kanten, die beim Sägen stehengeblieben sind, werden noch mit der Raspel beseitigt. Schließlich nimmt man den Körper in die Hand und glättet ihn mit Schleifpapier.

Löcher

Als nächstes bohrt man die Löcher für die Stacheln. Da es sehr schwierig ist, dem unregelmäßig geformten Körper eine regelmäßige Struktur für die Stacheln aufzuzwingen, haben wir uns dafür entschieden, die Löcher in unregelmäßigen Abständen zu bohren. Doch sollte man sich vorher anzeichnen, wo die Löcher ihren Platz haben sollen. Sonst häufen sie sich später an bestimmten Stellen, und an anderen bleibt ein zu großer Abstand.

An den angezeichneten Stellen wird mit dem Körner die Bohrstelle angeschlagen. Das ist hier besonders notwendig, da auf dem rundlichen Körper der Bohrer leicht wegrutscht und das Loch eventuell an einer anderen als der vorgesehenen Stelle entsteht.

Es muß noch darauf hingewiesen werden, daß es ungünstig ist, Bohrer und Rundholz der Stacheln in gleicher Stärke zu wählen. Entweder sitzen später die Stacheln so fest, daß sie nur schwer bewegt werden können, oder sie sind so locker, daß sie nicht halten. Wir bohren deshalb die Löcher mit 1 mm weniger Durchmesser als die Stacheln sind, also 9 mm, wenn die Stacheln 10 mm stark sind. Das bedeutet, daß die Stacheln etwas angespitzt werden müssen, damit man sie in die Löcher hineinstecken kann.

Die Löcher werden 20 mm tief gebohrt. Um zu erkennen, wann die Tiefe erreicht ist, klebt man den Bohrer nach 20 mm mit Tesafilm ab.

Beim Bohren zeigt es sich wieder, daß für diesen Zweck Lindenholz günstig ist. Die Haltung der Handbohrmaschine muß nach Augenmaß senkrecht zur Körperoberfläche erfolgen. Man rutscht noch während des Bohrens leicht ab, wenn man anderes Holz nehmen muß und harte Jahresringe dem Bohrer einen anderen als den gewünschten Weg weisen.

Stacheln

Die Stacheln werden aus Buchenrundholz gefertigt, das man in Längen von etwa 50 mm zerschneidet. Das Anspitzen nur an einer Seite ist zwar für einen Erwachsenen einsichtig, und er wird die Stacheln richtig in die Löcher stecken. Ein Kind dagegen kommt damit nicht zurecht. Als es deshalb ständig Ärger gab, nahm die Mutter kurzerhand das Schnitzmesser und spitzte auch die andere Seite der Stacheln an. Nun war der Steckigel kindgerecht geworden (Abb. 79 und 80). Mit dem abgebildeten Modell ist sehr viel gespielt worden. Als es unansehnlich geworden war, hat man es mit Deckfarbe neu bemalt und lackiert. Da es sich um strukturarmes Lindenholz handelt, war es vertretbar. Bei strukturreichen Hölzern hätte man besser mit Schleifpapier saubergeschliffen und so die Maserung erhalten.

Abb. 79: Bei dem aus einem Lindenholzklotz gearbeiteten Igel sind die Stacheln herausnehmbar.

Abb. 80: Kinder spielen unermüdlich mit dem „Steckigel".

Rundholzpuppen

Die Holzpuppen, die zu unserem Spielzeug gut passen, werden aus
Rundholz gefertigt. Man kann einfach einen Besenstiel dazu verwenden,
aber auch schön gemasertes Rundholz für Bastlerzwecke, und zwar im
Durchmesser von ca. 25 mm für größere Puppen von ca. 130 mm Höhe
und ca. 20 mm für kleinere von ca. 110 mm Höhe (Abb. 81).

Abb. 81: Rundholzpuppen können in gewissen Grenzen verschieden groß gefertigt werden.

Raspeln von Konturen

Der Puppenrohling kann auch auf der Drehbank vorgefertigt werden. Hier soll aber eine
Methode angegeben werden, mit der man durch einfachste Hilfsmittel den Rohling schaffen kann.
Dazu brauchen wir möglichst einen alten Holzschemel, dessen Sitzbretter in der Mitte einen Spalt
freilassen. Ersatzweise läßt sich auch ein Brett als Anschlag auf einen normalen Schemel oder Stuhl
mit zwei Schraubzwingen befestigen, so daß wir darin das Rundholz festlegen und drehen können
(Abb. 82).

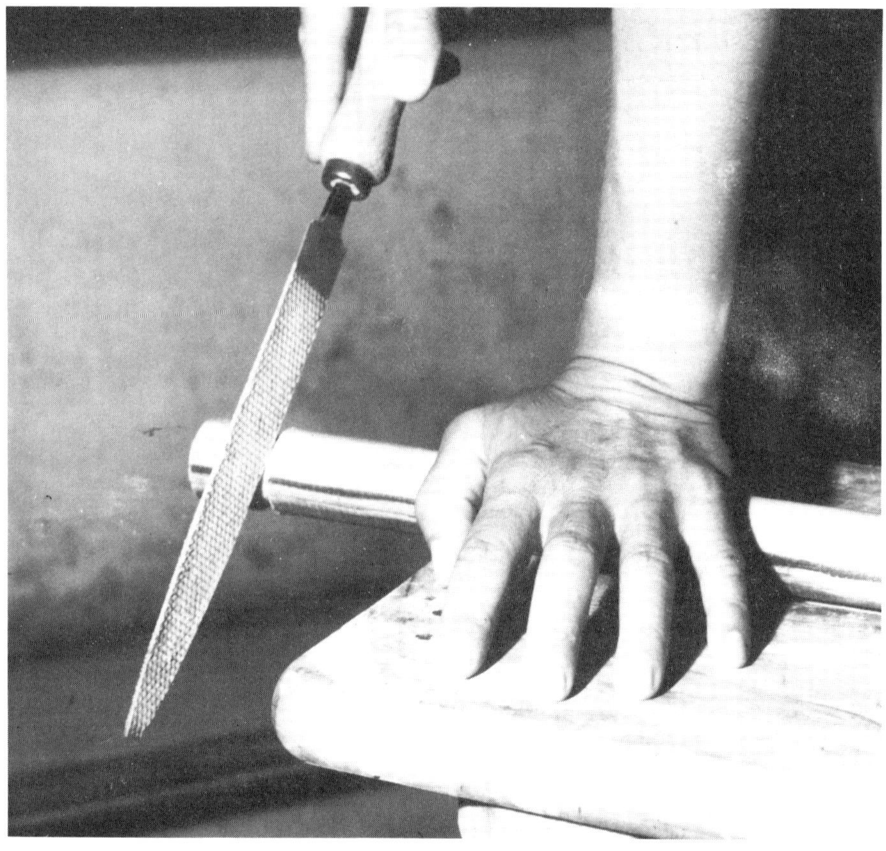

Abb. 82: Aus einem Rundholz
(Besenstiel) werden die
ersten Konturen mit der
Raspel herausgearbeitet.

Raspeln

Nach den zahlreichen Vorbildern im Buch oder nach eigenen Vorstellungen werden auf dem
Rundholz die Abstände zwischen den einzelnen Abschnitten angezeichnet. Daraufhin arbeitet man
sie unter ständigem Drehen mit der Raspel heraus. Die halbrunde Form der Raspel ermöglicht
eine genaue Ausarbeitung der Konturen. Der Kopf bleibt bei diesen Vorarbeiten als grobe Form
stehen, die erst später durch Schnitzen ausgearbeitet wird.

114

Feilen

Bei Kiefernholz bzw. Eschenholz reißt das Holz kaum durch die Behandlung mit der groben
Feile. Bei Fichtenholz kann es dagegen geschehen, daß der Rohling sehr faserig ausfällt. Im ersten
Fall genügt ein geringes Glattfeilen, während im zweiten Fall schon eher mit dem Raspeln
aufgehört und die Arbeit mit der Feile fortgesetzt werden muß. In jedem Fall soll der Rohling
auch zusätzlich mit Glaspapier geglättet werden, so daß außer am Kopf kaum noch daran zu
arbeiten ist. Erst dann sägen wir ihn vom Besenstiel (Rundholz) mit der Feinsäge ab, eventuell in
der Gehrungslade.

Schnitzen von Gesichtern

Beim Schnitzen der Gesichter ist das, was zum Kindchenschema ausgeführt wurde, jetzt in Holz
umzusetzen.

Grobformen

Nach dem Ausrichten des Rohlings auf einen günstigen Verlauf der Maserung wird mit der Raspel
im groben die Form vorgearbeitet. An den Seiten soll der Kopf schmaler werden, indem man
hier Holz abträgt, was mit dem Schnitzmesser allein sehr viel Mühe erfordern würde. Ebenso ist
auf die Halspartie und den Hinterkopf bereits mit der Raspel hinzuarbeiten, doch nur so weit,
daß die feinen Formen nicht durch absplitterndes Holz beeinträchtigt werden können.

Feinformen

Das Schnitzen beschränkt sich im wesentlichen auf die Herausarbeitung des Gesichtes. Zunächst
schnitzt man die Kopfform so weit nach, daß der Umriß seine endgültige Gestalt bekommt
(Abb. 83). Der dann noch rundliche bzw. eiförmige Kopf bekommt anschließend die Pausbacken
und die hohe Stirn eingeschnitzt (Abb. 84). Es ist selbstverständlich, daß die Arbeit nur mit einem
tadellos scharfen Messer ausgeführt werden kann. Wir müssen dieses also häufiger auf dem
Abziehstein nachschärfen (siehe Abb. 12).

Wenn man meint, daß die Gesichtsform im Ganzen fertig ist, dann arbeitet man mit der Feile
(Abb. 85) und mit feinem Schleifpapier nach (Abb. 86). Die Feile nimmt mehr Holz weg und
wird immer dann nützlich sein, wenn man hier oder da noch Unebenheiten beseitigen will.

Mit dem Schleifpapier wird das fertige Stück so lange geglättet, bis auch die letzten anhängenden
Holzspäne verschwunden sind.

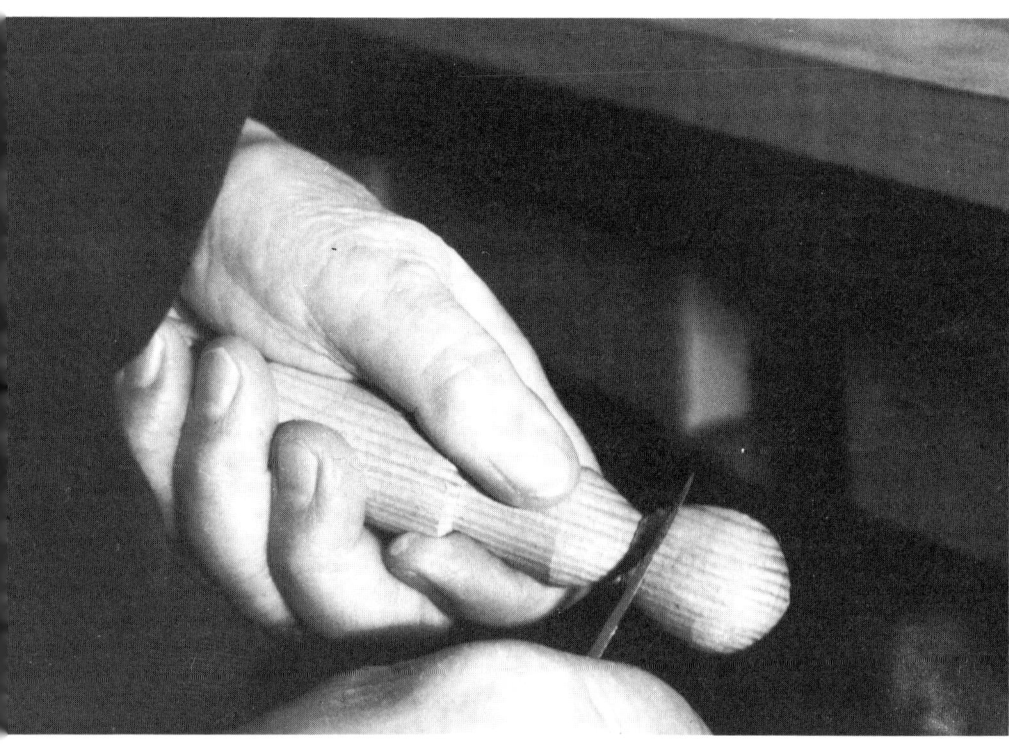

Abb. 83: Das Kopfschnitzen beginnt
mit dem allgemeinen Zurichten der
Kopfform.

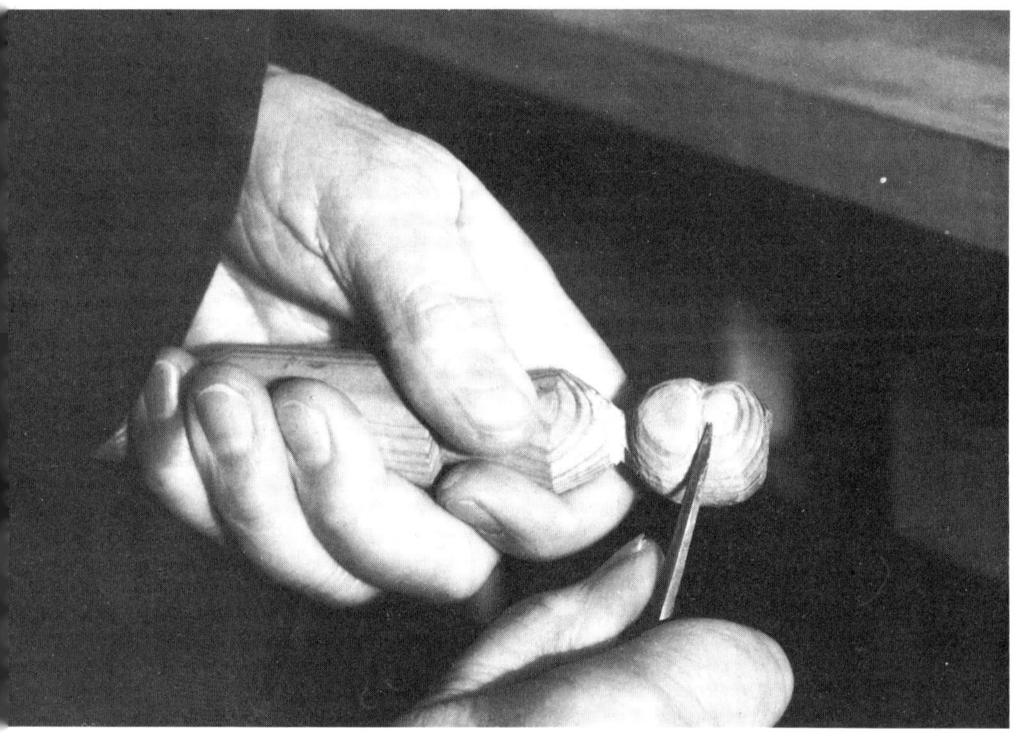

Abb. 84: Pausbacken und hohe Stirn
werden so geschnitzt, daß die
Maserung die Wirkung verstärkt.

116

Abb. 85: Gröbere Unebenheiten beseitigt man am Puppenkörper mit der Feile.

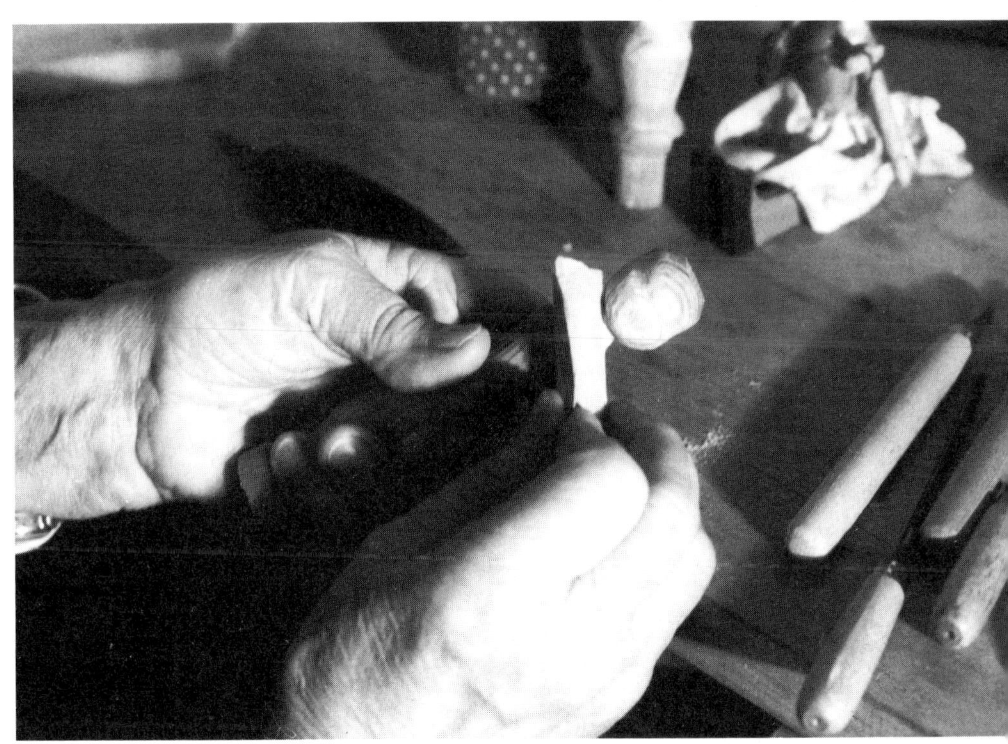

Abb. 86: Das Feinschleifen mit Sandpapier sollte bei Puppen besonders sorgfältig geschehen.

Beine und Arme

Bei Stehpuppen sind die Füße bereits am Rumpf angearbeitet, meist nur als eine runde Standfläche. Bereits in diesem Fertigungszustand schleifen wir den Fuß wie bei den Tieren auf grobem
Sandpapier standfest (Abb. 87). Die Puppe muß senkrecht und fest stehen. Vorher hat ein
Weiterarbeiten kaum einen Sinn, denn im fertig angezogenen Zustand verstaubt man die Kleidung
und die Haare der Puppe zu sehr.

Abb. 87: Auf grobem Sandpapier (50er Körnung) schleift man die Holzfiguren, hier einen Puppenkörper, standfest.

Sitzpuppe

Soll die Puppe sitzen können, dann ist entsprechend der Abb. 88 die Körperform abzuändern.
Die Beine werden aus 6 mm dickem Sperrholz ausgesägt und an dem entsprechend gesägten und
gefeilten Rumpfteil durch Bohrlöcher mit einer langen Spreizklammer befestigt. Man achte darauf,
daß die Füße genügend Standfläche bekommen, denn die Puppe soll ja auch stehen können
(siehe auch Abb. 25).

118

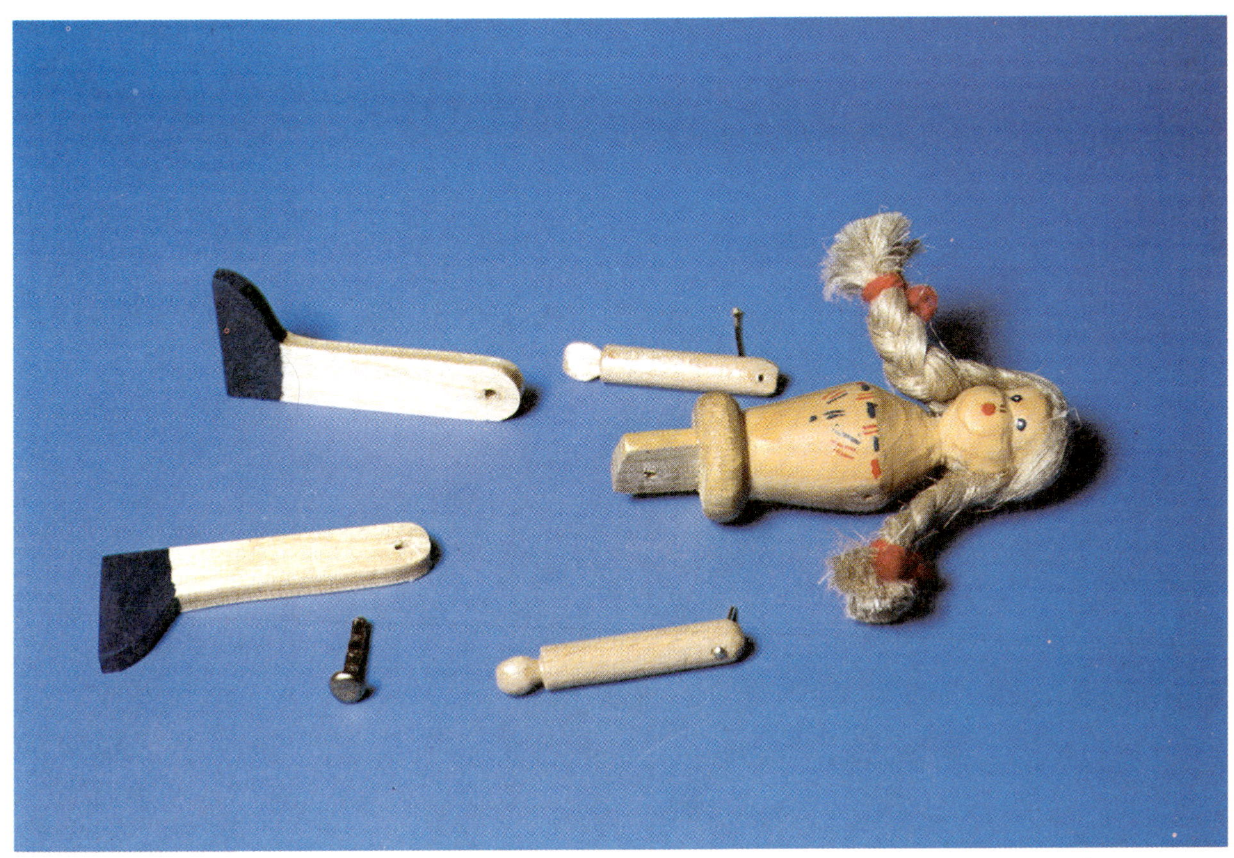

Abb. 88: Bei Sitzpuppen müssen die Beine extra angearbeitet werden. Die Arme werden bei allen Puppen aus Rundholz gefertigt und abgeschrägt am Körper befestigt.

Arme

Die Arme werden aus Buchenrundholz hergestellt. Man sucht sich die zur Puppengröße passende Stärke aus und schleift zunächst mit grobem Sandpapier (50) das Vorderende rund. Danach wird die Hand mit der Feile kugelförmig abgeteilt und mit dem Schnitzmesser auf die gewünschte Stärke gespalten. Anschließend sägt man das Rundholz in der Länge ab, die einem nach dem Anhalten an den Puppenkörper richtig erscheint (ca. 40 mm bzw. 30 mm). Auch diese Schnittkante wird mit grobem Sandpapier abgerundet. Ebenso wird der zweite Arm vorbereitet. Nach dem Feinschleifen muß noch im Bereich der Achsel eine schräge Fläche angeschliffen werden, ebenso an der entsprechenden Stelle am Puppenkörper. Durch Anpassen überzeugt man sich davon, daß die Arme im vorgesehenen Winkel zum Körper stehen. Dann bohrt man mit dem Drillbohrer an der Schulter jeweils ein Loch und befestigt die Arme mit langen Messingnägeln am Körper.

Haare und Kleidung

Bemalung und Lackieren erfolgen bei den Puppen entsprechend zu den Tieren. Doch dann müssen die Puppen noch Haare und wenigstens etwas Kleidung bekommen: die Mädchen Röcke und die Jungen Umhänge.

Haare

Die Haare werden als Perücke vorgearbeitet und danach auf den kahlen Kopf geklebt (Abb. 89). Gut geeignet ist feiner Dichtungshanf, den man im Eisenwarengeschäft erwerben kann. Aber auch jegliches andere feinfaserige Material ist brauchbar.

Abb. 89: Haare werden auf die Holzpuppen zunächst als Perücken aus Dichtungshanf genäht. Danach klebt man sie auf den Kopf und schneidet sie zurecht.

Man schneidet sich ein Stück Stoff zurecht, das von der Stirn bis zum Nacken reicht. Danach wird der Hanf in passender Länge (Mädchen oder Junge) und angemessener Dicke aufgenäht. Die Perücke wird im Bereich des Stoffes und an den Seiten mit Alleskleber oder Klebstift auf den Kopf aufgeklebt und dabei so ausgerichtet, daß die gewünschte Form beim Trocknen fixiert wird. Anschließend flicht man den Mädchen Zöpfe und schneidet die Haare auch bei den Jungen auf die gewünschte Länge.

Kleidung

Die Kleidung wird in einfachstem Schnitt aus Stoffresten genäht und dem Verwendungszweck der Puppen angepaßt. Man benutzt weiche, leicht fallende Stoffsorten. Es ist kaum möglich, steife Kleidungsstücke einigermaßen in Form zu bringen. Auch Hütchen oder Kopftücher können als Kleidungszubehör angefertigt werden. Anregungen findet man auf den Bildern im Buch.

Abb. 90: Im Licht einer Strahlerlampe bildet das Mädchen, das mit dem Hund spazieren geht, eine kleine, aber hübsche Gruppe.

Abb. 91: Eine kleine Auswahl zeigt, daß keine Holzpuppe wie die andere aussieht.

Fertige Puppen

Wenn man sich dem Herstellen der einfachen Rundholzpuppen widmet, wird man bald eine größere Zahl in Arbeit nehmen. Schnell kommt es dazu, daß verschiedene Arbeitsstadien nebeneinander vorliegen (Abb. 92).

Für die verschiedenen Gruppen werden auch mancherlei Puppen gebraucht, so daß wenigstens eine kleine Auswahl zur Verfügung stehen sollte (Abb. 91). Daß schon eine ganz einfache Zusammenstellung von Puppe und Tier im richtigen Licht, z. B. einer Strahlerlampe, sehr wirkungsvoll sein kann, zeigt das Mädchen, das mit einem Hund spazieren geht (Abb. 90).

Abb. 92: Am Arbeitsplatz werden meist mehrere Puppen zugleich gefertigt. So sehen wir die verschiedenen Bauphasen nebeneinander.

Puppenstube

Eine einfache Puppenstube ist aus drei Sperrholzbrettern (6 mm), die man mit Scharnieren zusammenfügt, herzustellen (Abb. 95). Hier ist sie mit einer kindgemäßen Tapete beklebt, obwohl das gegen unsere Vorstellungen vom Holz verstößt. Aber gewisse Zugeständnisse an das kindliche Gemüt haben doch den Vorrang. Trotzdem steht es frei, bei schön gemasertem Holz (z.B. Kiefer) die Wände auch unbehandelt zu lassen.

Die drei zusammenklappbaren Seiten erlauben ein leichtes Wegräumen der Puppenstube. Bestückt man die Puppenstube mit den Klötzemöbeln, dann läßt sich eine schöne Szene zusammenstellen. Auch die einfachen Holzpuppen sind bis zu einem gewissen Grade geeignet, in der Puppenstube zu Gast zu sein.

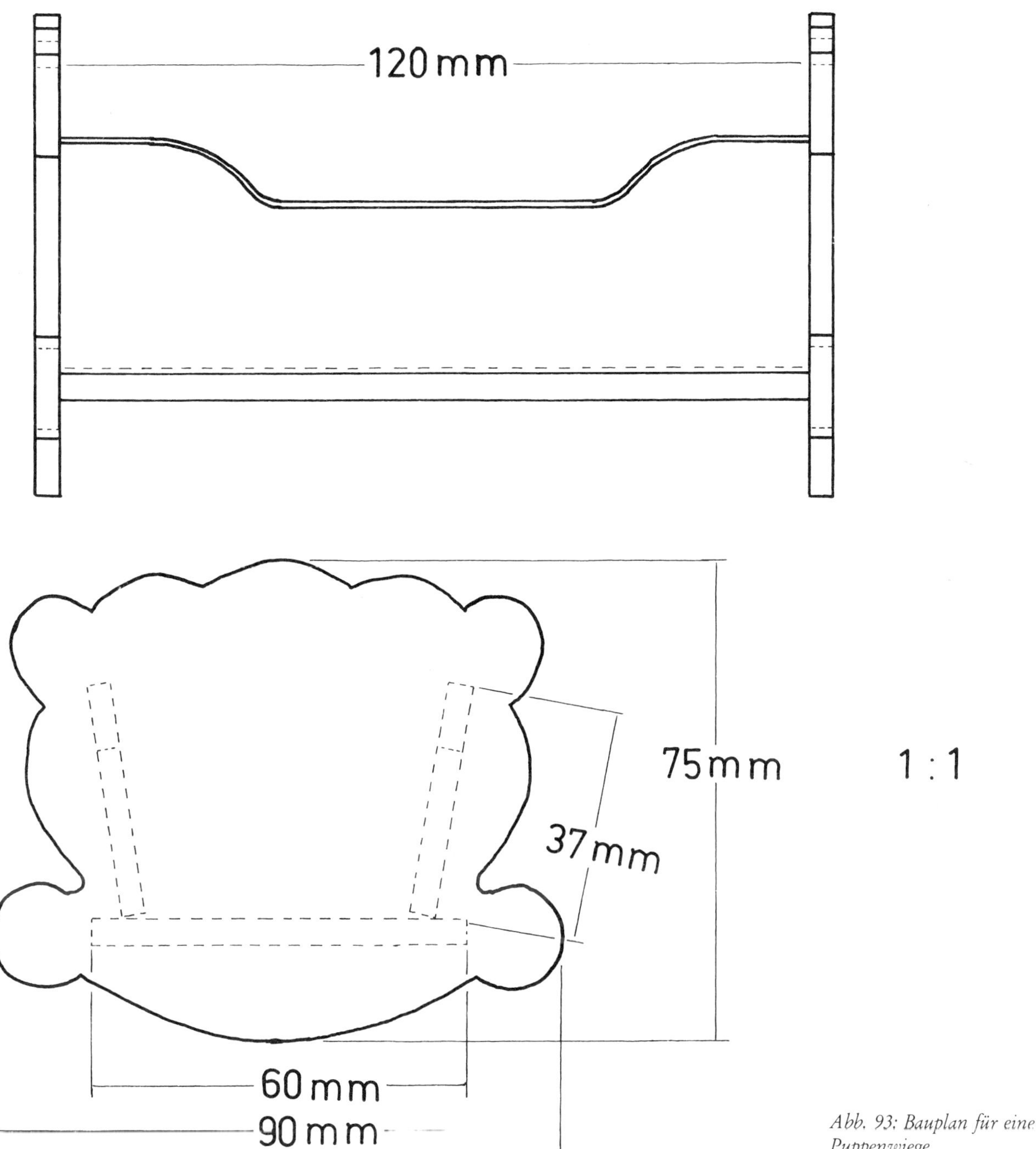

Abb. 93: Bauplan für eine Puppenwiege.

Puppenwiegen

Größere und feiner konstruierte Puppenmöbel sind die Puppenwiegen (Abb. 94).

Abb. 94: Puppenwiegen sind ein beliebtes Spielzeug.

*Abb. 95: Durch drei mit Scharnieren verbundene Sperr-
holzbretter kann man eine einfache Puppenstube
herstellen, die sich recht vielfältig ausgestalten läßt.*

Kufenwiege

Für die klassische Kufenwiege haben wir einen Bauplan (Abb. 93). Sie ist hier in Originalgröße, also im Maßstab 1:1 wiedergegeben. Es ist aber leicht, sie auf andere Größen abzuändern.
Kopf- und Fußteil mit den Kufen sowie die Seitenwände sind symmetrische Gebilde und können bei Abänderung der Maße auf einem gefalteten Blatt Papier entworfen werden und zwar nur zur Hälfte. Beim Ausschneiden und Aufklappen ist das Teil dann vollständig und symmetrisch.
Es kann als Schablone benutzt werden, mit der man die Form auf das Holz überträgt.

Ausstattung

Die Ausstattung einer Puppenwiege mit Kissen dürfte keine Schwierigkeiten bereiten. Auch hier verwendet man Stoffreste. Die Kissen werden mit weichem Material, z. B. Watte, gefüllt.
Wenn man nicht die Besenstielpuppen (die kleinere paßt gut in die Originalwiege) für die Wiegen benutzen will, dann werden die Kinder aus ihrem Puppenbestand genug Figuren finden, die sie

Abb. 96: Die Grundform ist die Kufenwiege. Sie kann durch sparsame Bemalung noch verschönert werden.

Abb. 97: Eine Hängewiege ist eine Abwandlung der Kufenwiege. Die Aufhängevorrichtung läßt sich leicht selbst konstruieren.

darin schlafen legen werden. Auf der Abbildung 96 liegt eine ganz einfache Puppe mit Rundkopf als „Wickelkind" in der Wiege.

Hängewiege

Gebräuchlich waren auch als Hängewiegen aufgehängte Kinderbettchen (Abb.97). Wenn man schon eine Kufenwiege gebaut hat, bereitet es keine Schwierigkeiten, sich das Bettchen der Hängewiege selbst zu konstruieren. Um dem eigenen Einfallsreichtum nicht entgegenzuwirken, wurde dafür kein Bauplan mehr vorgegeben.
Auch das Holzgestell für die Aufhängung ist leicht zu konstruieren. Man kann sich beim Bau an der Abbildung orientieren.

Bemalung

Eine sparsame Bemalung der Puppenwiegen macht ihr Aussehen freundlicher, besonders, wenn zur Herstellung Buchensperrholz genommen wurde. Sämtliche Sägekanten wurden mit dunkler Deckfarbe bemalt, so daß die übereinanderliegenden Holzschichten nicht mehr erkennbar sind.
Auf den Flächen wurden Blumen, Herzen und Vögel in stilisierter Form zur Bemalung gewählt. Die Abbildungen können auch in dieser Hinsicht als Anregung dienen.

Vorlagen zur Bemalung von Puppenwiegen. Die Figuren müssen in der Größe den gebauten Modellen angepaßt werden.

Bewegungsspielzeug

Herrschte bei den Tieren und Puppen das Statische vor, so wollen wir uns noch einer Auswahl von Spielsachen zuwenden, deren Bedeutung mehr in der Bewegung oder Beweglichkeit liegt. Dabei sind die Möglichkeiten für Holzspielzeug naturgemäß geringer als bei dem eigentlichen mechanischen Spielzeug, welches aus Metall und Kunststoff gefertigt wird. Dennoch hat Bewegungsspielzeug aus Holz einen besonderen Reiz, da vieles in der Phantasie hinzukommen muß, was in Wirklichkeit nicht vorhanden ist. Damit ist auch Bewegungsspielzeug aus Holz von hohem erzieherischem Wert bei der Entwicklung des Kindes.

Schaukelpferd

Das Schaukelpferd vereinigt Puppe und Tier der vorhergehenden Arbeiten. Hinzu kommt die Kufe, auf der das Pferd in Bewegung versetzt werden kann.

Schaukel

Die Schaukel macht nicht ganz einen Halbkreis aus. Wer sie sich mit dem Zirkel auf 20 mm dickes Holz übertragen will, findet im Bauplan (Abb. 98) die Stelle (x), bei der die Zirkelspitze einzustechen ist. Wir haben die Maserung senkrecht gelegt; es spricht aber auch nichts dagegen, sie waagerecht auszurichten. Beim Aussägen mit einem möglichst groben Sägeblättchen (Nr. 9) in der Laubsäge sollte man die senkrechte Schnittführung besonders gut kontrollieren. Es ist sehr schwierig, die Kufe durch Nachschleifen derart auszurichten, daß das Schaukelpferd gerade steht.

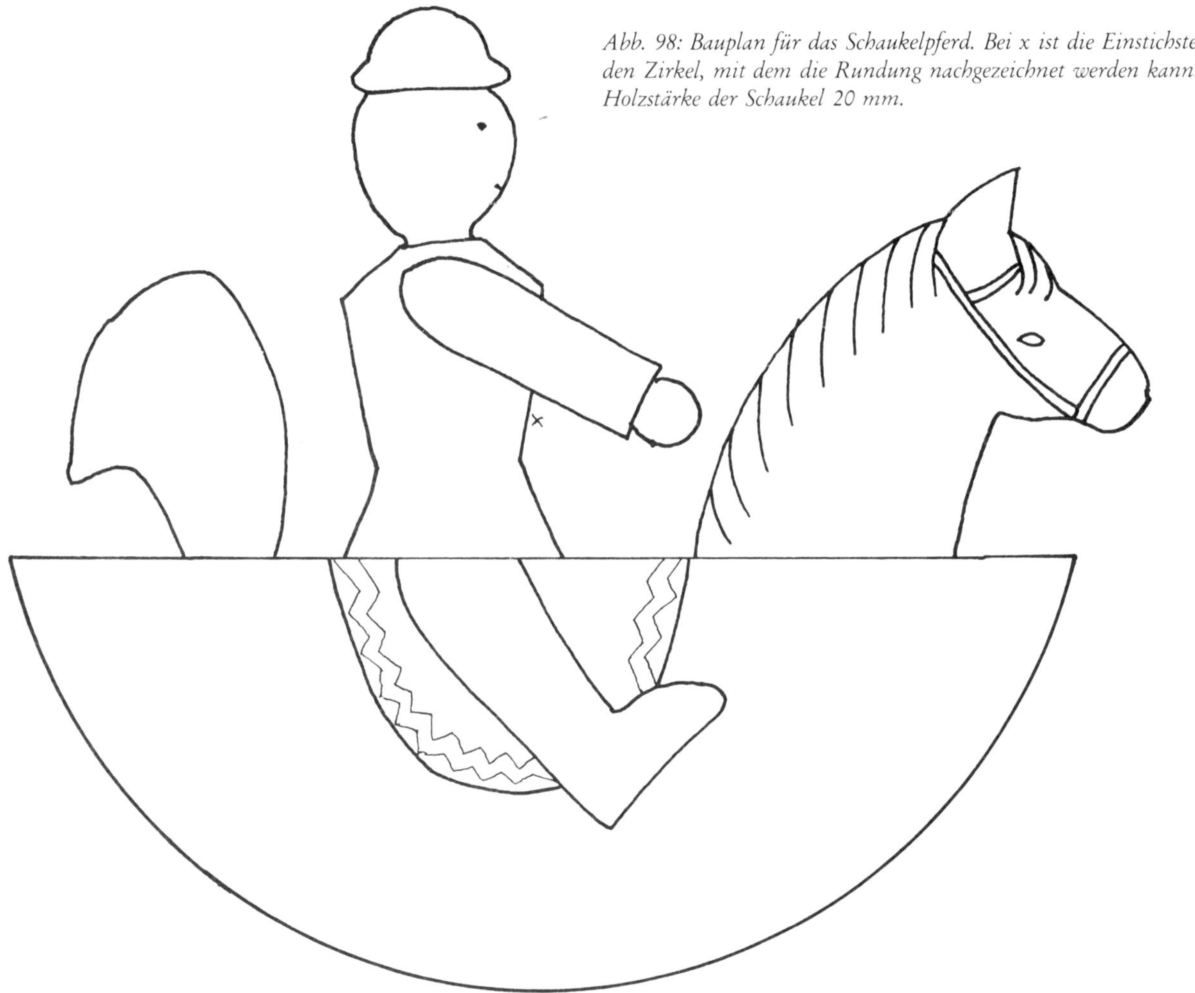

Abb. 98: Bauplan für das Schaukelpferd. Bei x ist die Einstichstelle für den Zirkel, mit dem die Rundung nachgezeichnet werden kann. Holzstärke der Schaukel 20 mm.

Abb. 99: Trotz des 20 mm starken Holzes ist das Schaukelpferd nicht mehr standfest und kippt beim Spielen gelegentlich um, was Kindern aber wenig ausmacht.

Reiter

Der Rumpf des Reiters wird aus Rundholz von etwa 30 mm Durchmesser durch Raspeln und Feilen entsprechend den Puppenrohlingen hergestellt. Das Gesicht bleibt hier der Einfachheit halber rund. Das Einschnitzen des Kindchenschemas wäre bei diesem Spielzeug auch unpassend. Arme und Beine sägt man aus 4 mm starkem Sperrholz (Reststücken) aus.

Kopf und Schwanz

Pferdekopf und -schwanz sägen wir aus Resten des meistgebrauchten Holzes (15 mm) des Tier-spielzeuges aus. Bei der Maserung probiert man aus, in welcher Richtung die günstigste Wirkung zu erzielen ist. Bei dem abgebildeten Schaukelpferd (Abb. 99) wurde sie bei allen Teilen senkrecht gelegt. Damit sind schwierigere Gestaltungsprobleme umgangen worden.

Zusammenbau

Da das fertige Schaukelpferd ausbalanciert sein muß, probieren wir durch Auflegen, in welcher Stellung die Teile am besten das Gleichgewicht halten, und zeichnen die Stellen auf der Oberkante der Schaukel mit Bleistift an.

Die Befestigung geschieht mit Dübeln und Leim. Als Dübel verwenden wir dickere Nägel, die in vorgebohrte Löcher an den Kleinteilen in der Weise eingeschlagen werden, daß sie mit der Seite, an der der Nagelkopf abgekniffen wurde, voran in das Loch kommen. Sie stehen dann mit der Spitze heraus. Nach dem Auftragen von etwas Weißleim wird das Teil anschließend in das Gegenloch der Schaukel eingeschlagen. Sind die Löcher senkrecht gebohrt, dann sitzen die Teile ohne Spaltenbildung auf. Anderenfalls zieht man das Teil mit dem Nagelende noch einmal heraus und klopft diesen nach der Seite zurecht, an der der Kontakt nicht zustandegekommen war. Die Beine leimt man einfach mit Kontaktkleber fest. Bei den Armen muß man die Schulterpartien des Rumpfes so weit abfeilen, daß sie eine feste Auflage finden. Wenn das Schaukelpferd keiner starken Belastung ausgesetzt wird (Schmuckstück), dann reicht auch bei den Armen ein einfaches Anleimen. Wenn aber Kinder damit spielen, dann sollte man die Arme zusätzlich durch lange Messingnägel an der Schulter befestigen. Bemalung und Lackieren erfolgen in der bekannten Art und Weise.

Wenn das Schaukelpferd nicht gut steht, kann die Kufe vorsichtig auf 50er Sandpapier nachgeschliffen werden. Dabei muß man das Werkstück so festhalten, daß es seitlich nicht verkantet.

Autos

Kiefernholzdübel (Abb. 100), die eigentlich zum Füllen von ausgebohrten Astlöchern gedacht sind, verleiten dazu, sie als Räder für Holzspielzeug zu verwenden. Einfache Fahrzeuge lassen sich auch verhältnismäßig leicht herstellen.

Räder

Die größte Schwierigkeit besteht darin, in die Kiefernholzdübel genau in der Mitte liegende Löcher für die Achsenschrauben zu bohren. Das Anzeichnen nehmen wir in der Weise vor, daß wir den Umriß des Dübels auf Papier abzeichnen und ausschneiden. Nach zweimaligem Falten hat man im Schnittpunkt der Knicke auch die Mitte (Abb. 101). Diese wird mit dem Stichel oder Körner angeschlagen.

Das Bohren selbst ist nicht einfach, da der Bohrer auf dem harten Spätholz (Maserung) abrutscht und damit aus der Mitte gerät. Wer das Spielzeug möglichst genau herstellen will, der muß Räder mit „verunglückten" Bohrlöchern ersetzen.

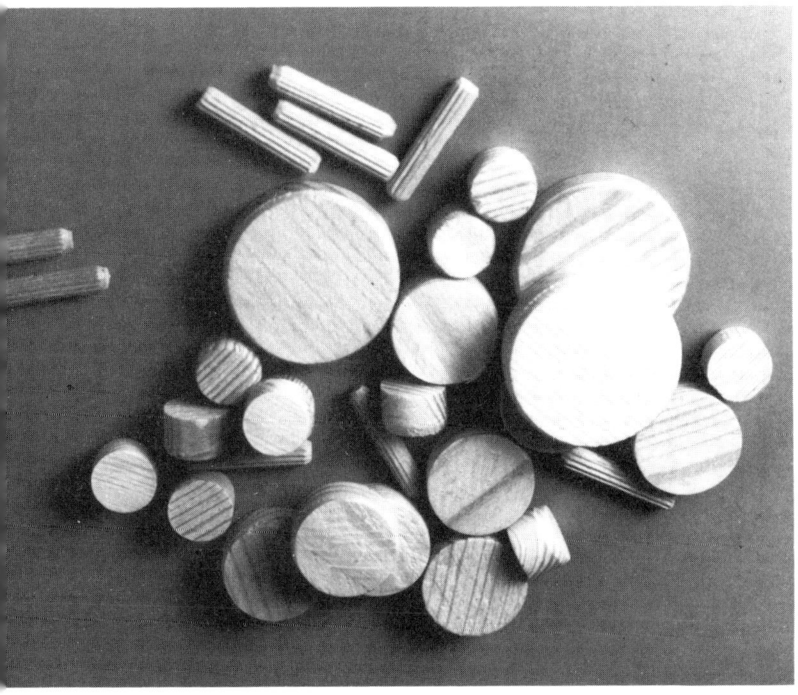 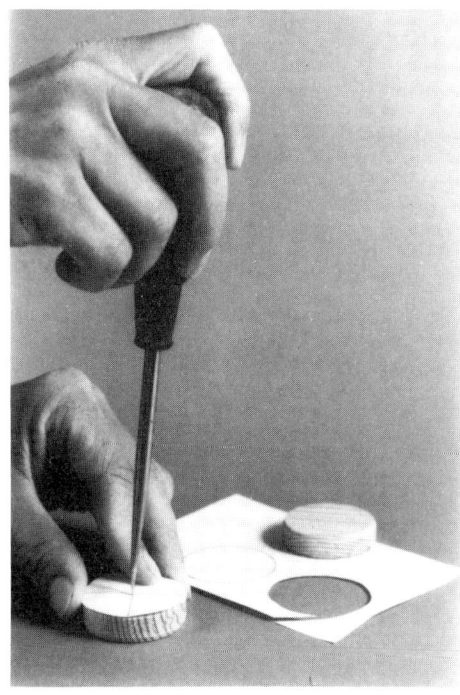

Abb. 100: Verschiedene Kiefernholzdübel können als vorgefertigte Räder verwendet werden. Abb. 101: Die Mitte für das Bohrloch findet man, indem man das Rad auf Papier nachzeichnet, ausschneidet und einmal längs und quer faltet. Im Schnittpunkt der Faltlinien liegt die Kreismitte.

Karosserie

Die eigentliche Autoform paßt man gerade gängigen Typen an. Kleine Kinder sind in der Hinsicht sehr aufmerksam, und man kann darin nicht unzeitgemäß sein. Trotzdem genügen grobe Umrißformen, die aus 20 mm dickem Holz gesägt werden. Die meisten Schnitte — beim Trecker sogar alle — lassen sich mit der Feinsäge ausführen. Nur wenige wird man mit der Laubsäge machen müssen. Die Karosserie entwirft man gleich so groß, daß die Räder direkt daran befestigt werden können. Anregungen für Autoformen gibt die Abb. 102. Einzelheiten brauchen nicht aufgemalt zu werden, aber es ist schöner, wenn man Autos in verschiedenen Farben beizt.

Montage

Es empfiehlt sich, das Loch im Rad verhältnismäßig weit zu bohren, denn dadurch werden eventuelle Abweichungen beim Fahren weniger wirksam. Die Räder befestigt man mit kräftigen Schrauben unter Zuhilfenahme von Unterlegscheiben entsprechend der Montage der Arche-Noah-Räder. Sollten die Räder etwas „eiern", dann kann man die Autos oder den Trecker trotzdem den Kindern zum Spielen geben. Im Sand fahren sie ohnehin über unebenes Gelände, wobei manches überspielt wird, was bei der Montage nicht einwandfrei gelungen ist. Andererseits sollte man sich natürlich bemühen, die Modelle ordentlich zu bauen, also mißlungene zu verwerfen.

131

Eisenbahn

Ähnlich wie bei den Autos läßt sich auch der Bau einer einfachen Eisenbahn verwirklichen.
Irgendwie widerstrebt es einem, hier moderne, der Wirklichkeit entsprechende Formen zu bauen.
Es kommt eigentlich nur die gute alte Dampflok in Frage und mit ihr entsprechend veraltete
Wagen. Im Gegensatz zu den Autos sind solche kleinen Holzeisenbahnen mehr ein
„nostalgisches" Spielzeug für Erwachsene. Doch greifen auch Kinder gern danach. Immerhin ist
das Prinzip der Eisenbahn geblieben, auch wenn es keine Dampflokomotiven mehr gibt.

Wagen

Bei der Konstruktion der Wagen sind der Phantasie lediglich durch die Proportionen, die einigermaßen günstig ausfallen sollten, Grenzen gesetzt. Sonst kann man verhältnismäßig frei gestalten
(Abb. 103). Deshalb wird auch auf einen Bauplan verzichtet. Alle notwendigen Arbeitstechniken
sind bereits an anderer Stelle erklärt worden und brauchen nicht wiederholt zu werden.

Räder

Anstelle der Kiefernholzdübel nehmen wir für die Eisenbahn besser Scheibchen, die wir aus einem
Buchenholzrundstab geschnitten haben. Zwar muß man auch hier die Mitte zum Bohren sorgfältig ermitteln. Aber der Bohrer rutscht nicht weg, so daß die Räder gleichmäßiger laufen, was
bei der großen Anzahl wichtig ist.
Montiert wird mit Schrauben und Unterlegscheiben. Bei sehr kleinen Ausführungen kann man
zur Befestigung der Räder auch Polsternägel verwenden.
Die Wagen werden mit Rundhaken (Ösen) verbunden. Bei einem kneift man jeweils mit der
Zange ein Stück aus der Öse heraus, damit man den Wagen an den vorhergehenden anhängen
kann.

Marktbude

Die Marktbude ist kein eigentliches Bewegungsspielzeug, aber ein Objekt aus der Rummelplatz-
umgebung. Unser Modell ist an die Größe der Holzpuppen angepaßt, und es läßt sich gut damit
spielen.

Gestell

Entsprechend dem Bauplan (Abb. 104) wird das Gestell aus Leisten 10 x 20 mm und Rundholz
von 8 mm Durchmesser angefertigt. Zunächst baut man die Seitenteile. Die Längen werden nach
dem Plan in der Gehrungslade zugeschnitten, wobei am Fußteil der Winkel von 45° gewählt wird.
An den Kreuzungsstellen sägt man die Hölzer an der vorgesehenen Stelle und Seite bis zur Mitte
in der Gehrungslade ein und zwar so schmal, daß die Leisten später ohne Spalt ineinandergefügt

Abb. 102: Autos aus 20 mm starkem Holz mit Rädern aus Dübeln.

Abb. 103: Die Eisenbahn ist aus verschiedenen Holzklötzchen gebaut. Als Räder wurden aus Rundholz geschnittene Scheiben verwendet.

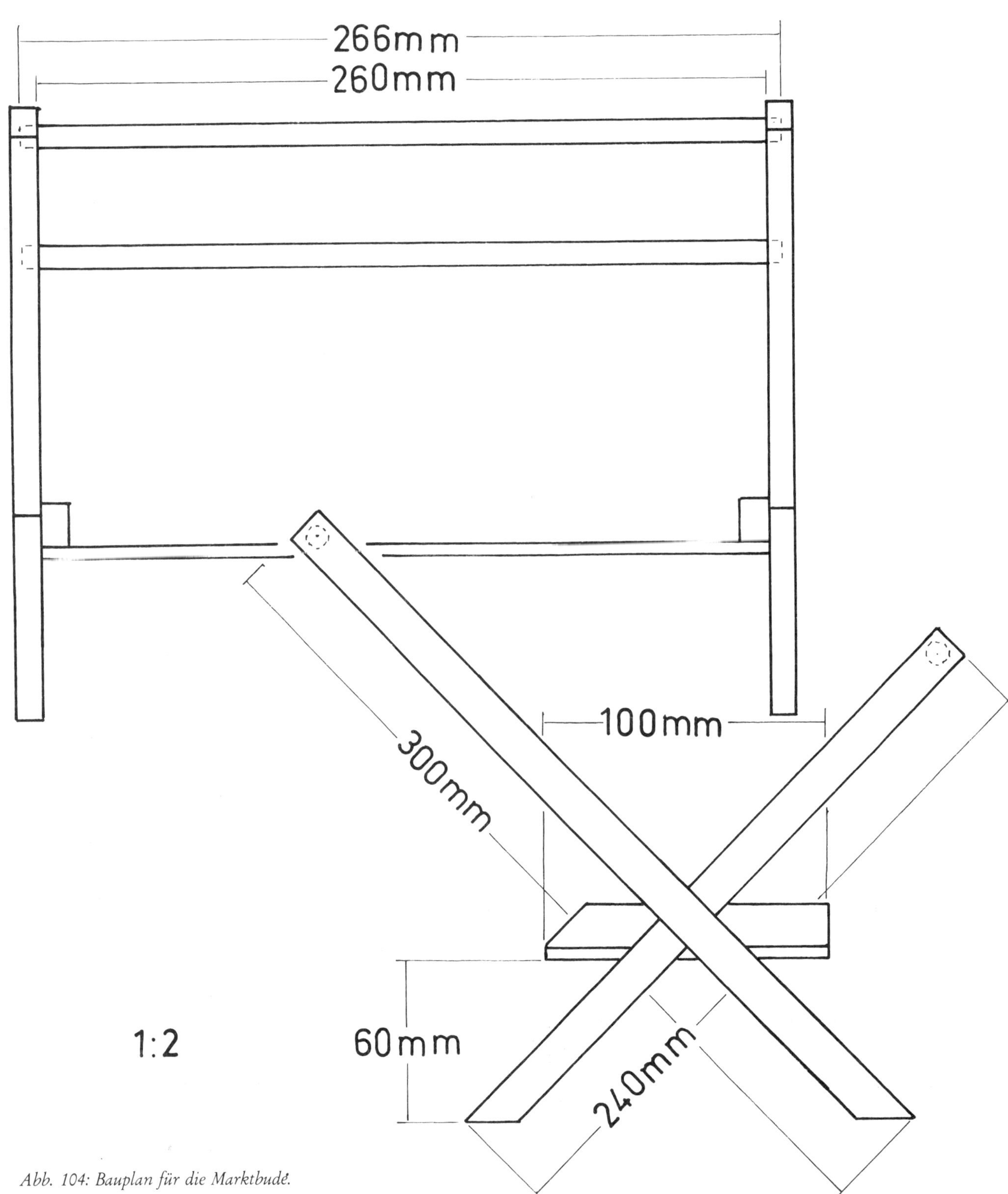

Abb. 104: Bauplan für die Marktbude.

134

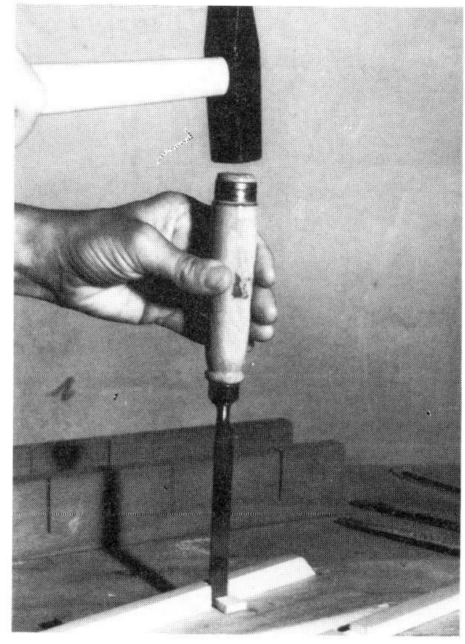

Abb. 105: An den Verbindungsstellen der Seitenhölzer müssen mit dem Stecheisen entsprechende Stücke ausgestemmt werden.

Abb. 106: Die richtige Stelle für das Bohrloch markiert man mit dem Körner, damit der Bohrer später nicht wegrutscht.

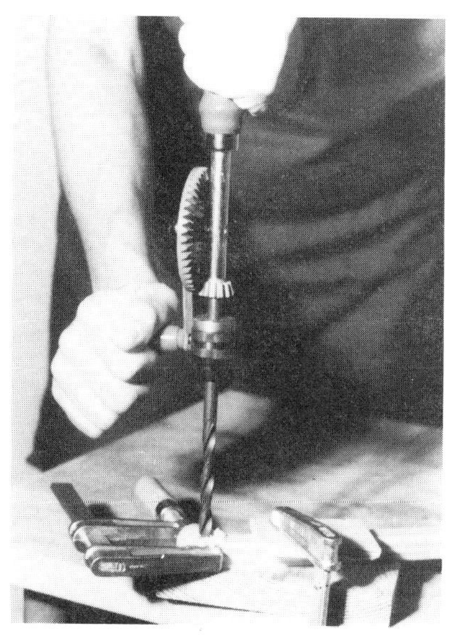

Abb. 107: Zum Bohren mit der Handbohrmaschine preßt man das Holz an der Bohrstelle mit einer Schraubzwinge zusammen, damit es nicht platzt.

werden können. Das Holz wird mit dem Stecheisen ausgestemmt (Abb. 105). An den Oberkanten wird das Gestell durch die Rundhölzer zusammengefügt. Dazu müssen passende Löcher gebohrt werden. Bei dem dünnen Holz ist es wichtig, die Bohrstelle mit dem Körner anzuschlagen (Abb. 106) und es seitlich mit einer Schraubzwinge zusammenzupressen (Abb. 107). An der Kreuzungsstelle bekommt das Gestell durch die Tischplatte Halt. Diese wird nach Plan eingesetzt.

Tisch

Die Tischplatte sägt man aus Sperrholz aus und versieht sie an den Seiten mit abgeschrägten Leisten. Diese befestigen wir mit etwas Weißleim und kleinen Nägeln. Durch dieselben Leisten wird das Gestell in der Mitte zusammengehalten. Nach dem Einpassen wird die Tischplatte mit Weißleim und Messingnägeln befestigt.

Ausstattung

Die Plane fertigt man aus einem Stoffrest und heftet sie an den beiden Seiten mit einigen Nahtstellen an. Den Verkaufstisch (Abb. 108) füllt man mit einer Anzahl hübscher kleiner Dinge und nimmt Puppen und Tiere zum Spielen hinzu. Über die Ware (Abb. 109) kann man verschiedene Vorstellungen haben. Die abgebildeten Gegenstände sind mehr als dauerhafte Dekorationen zu betrachten. Die Besen sind aus zweierlei Rundholz gefertigt und die Borsten ebenso eingesetzt wie die Schwänze bei Tieren. Für aktives Spielen lassen sich aber ebensogut eßbare Dinge verwenden, z. B. Rosinen, Schokoladenplätzchen, Kekse und vieles andere.

Abb. 110: Die einfachste Konstruktion der Marktbudenseiten ist rechts abgebildet. Alle Winkel können in der Gehrungslade geschnitten werden. Geübtere „ziehen" die Form in die Höhe, indem sie die Winkel entsprechend dem links abgebildeten Modell abwandeln.

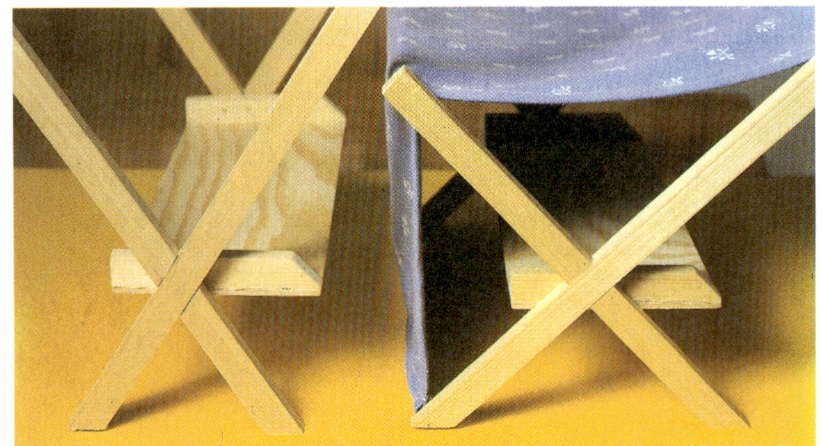

Abb. 108: Fertige Marktbude mit Zubehör.

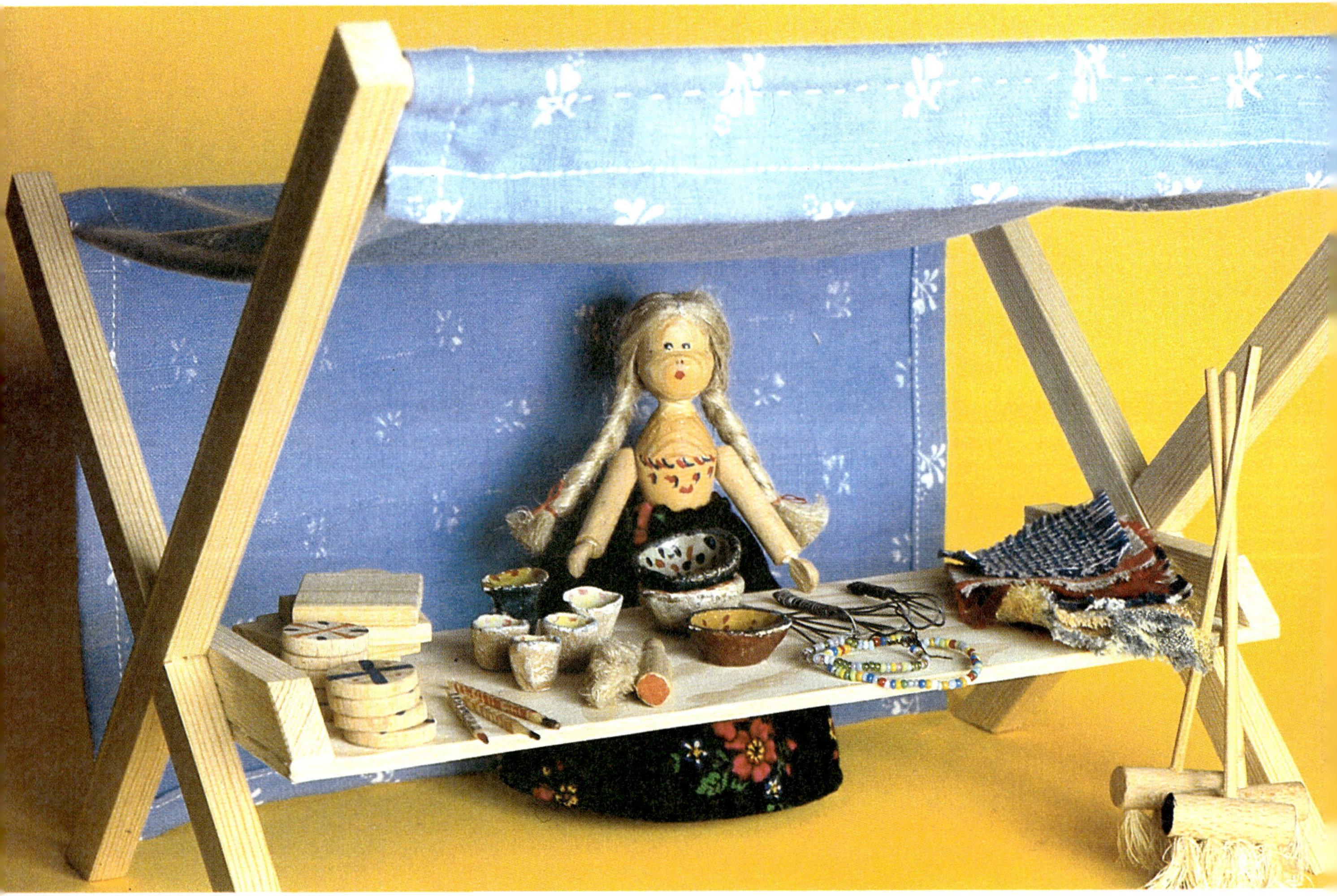

Höhere Form

Die beschriebene Form der Marktbude ist so niedrig, damit die Leisten in der Gehrungslade zugeschnitten werden können. Man erkennt das auch in der Seitenansicht (Abb. 110, rechts).

Wer so viel Geschick hat, daß er die Winkel verändern kann, der sollte die Seitenteile etwas höherziehen. Das Bauen ist dann umständlicher, aber man bekommt mehr Freiheit zum Spielen unter der Plane.

Abb. 109: Die Waren für die Marktbude sind vielfältig, damit das Spielen auch Freude bereitet.

Kullerbahn

Ein sehr beliebtes Spielzeug ist die Kullerbahn. Mit ihr können sich Kinder lange beschäftigen. Aus verschiedenen möglichen Formen und Größen wurde eine herausgearbeitet, bei der „ordentlich etwas los" ist, wenn die Kugeln hinunterrollen.
Die Konstruktion ist aus dem Bauplan (Abb. 111) zu ersehen. Es wird eine größere Menge an

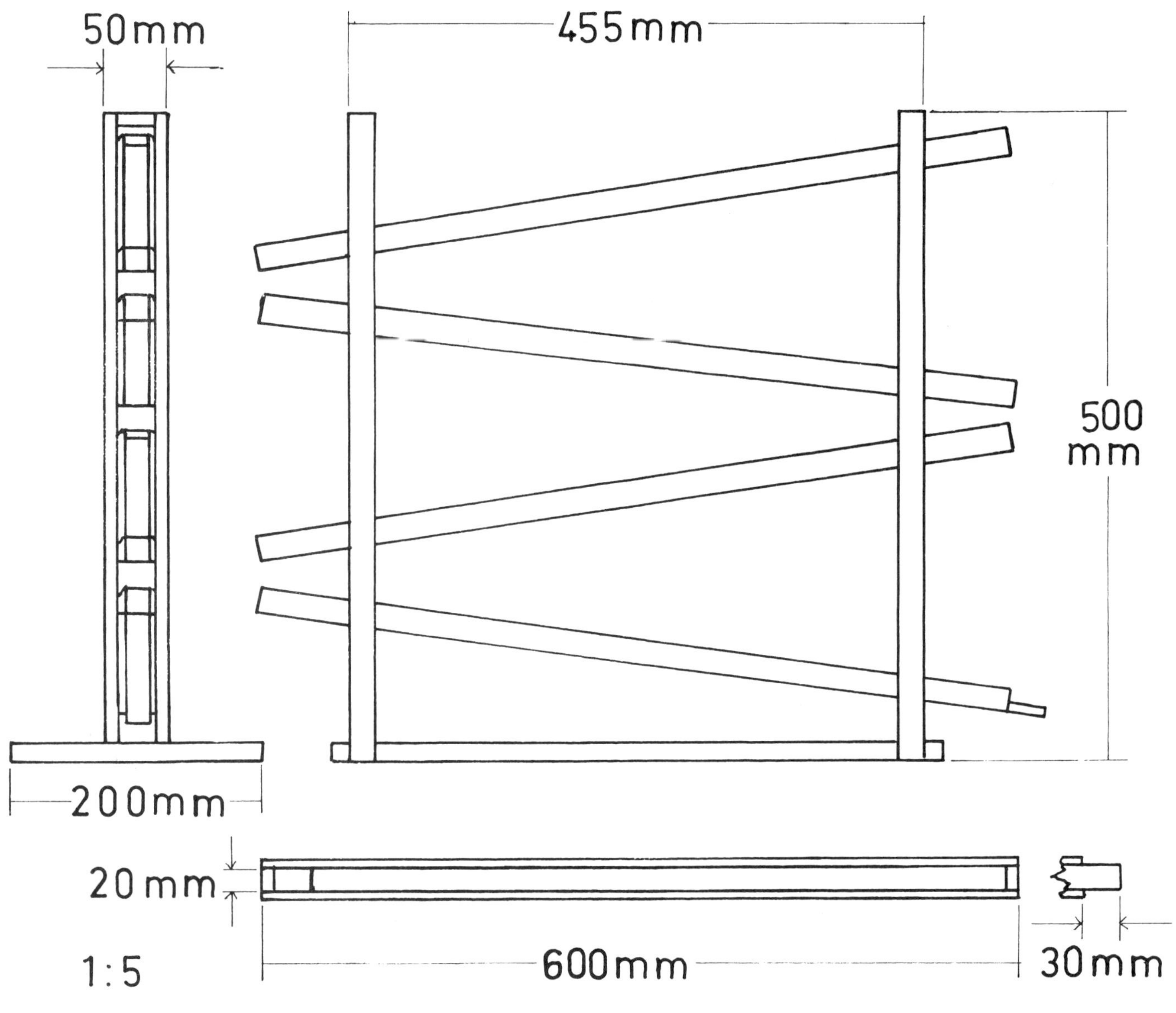

Leisten gebraucht. Wir berechnen den Bedarf nach dem Plan und besorgen uns das Material so reichlich, daß die Längen möglichst ohne viel Abfall zugeschnitten werden können.

Zusammenfügen

Zuerst fügt man die einzelnen Bahnen zusammen. Man sollte sich hierbei nicht mit Leimen aufhalten, sondern die Seitenteile sofort annageln. Kritisch sind die Enden der Bahnen (Abb. 112), deren Schlußstücke vor dem Nageln auf jeden Fall mit Weißleim eingestrichen werden sollten. Beim Aufprall der Kugeln lösen sich gerade diese Teile später sehr leicht. An jedem Bahnende bleibt im Boden ein Stück ausgespart, durch das die Kugeln auf die tieferliegende fallen können. Sind die einzelnen Bahnen fertig, dann fügt man sie mit vier senkrechtstehenden Leisten zur Kullerbahn zusammen. Die im Bauplan vorgegebenen Winkel sind dabei einzuhalten. Wenn auch weitgehend nach Augenmaß gearbeitet werden muß, so sollte man doch ab und zu mit dem Zollstock kontrollieren, ob der Zusammenbau gleichmäßig erfolgt. Das macht sich z. B. bemerkbar, wenn man die Bahnen auf der einen Seite bereits zusammengenagelt hat und dann die Verbindungsleisten auf der anderen Seite anbringen will. Hier kommt es leicht zu Verschiebungen, die zwar in der Funktion wenig ausmachen, aber störend aussehen.

Gestell

Die Kullerbahn braucht nun noch ein Gestell, damit sie beim Spielen die nötige Standfestigkeit hat. Dazu passen wir ein etwa 20 mm dickes Brett zwischen die senkrechten Leisten ein. An den Enden werden für die Leisten Aussparungen gesägt, in denen diese Halt finden und festgenagelt werden.

Abb. 111: Bauplan für die Kullerbahn.

Abb. 112: Die Enden an der Kullerbahn müssen stabil gebaut sein, damit die Kugeln sie nicht zerschlagen.

Abb. 113: Das Spielen
mit der Kullerbahn
bereitet Kindern viel
Freude.

Das Brett gibt der Konstruktion durch seine Schwere zwar Standfestigkeit, aber ein Umkippen zur Seite ist noch möglich. Deshalb nageln wir an die Stirnseiten des Grundbrettes je eine Stützleiste von 200 mm Länge.

Spielen

Zum Spielen wird eine Glaskugel (Murmel) auf die höchste Stelle der obersten Bahn gelegt. Sie rollt beim Loslassen bis an deren Ende und fällt durch das Loch auf die nächsttiefere Bahn. So geht es weiter, bis alle vier Bahnen durchlaufen sind. Am Ende der untersten Bahn stellt man ein Kästchen auf, in dem sich die Kugel fangen kann. Sie rollt sonst durch den Schwung, den sie noch hat, weit weg (Abb. 113). Besonderen Spaß bereitet es, wenn man mit mehreren Kugeln gleichzeitig auf der Kullerbahn spielt.

Abb. 114: Mit einem solchen einfach gebauten Karussell wird gern und viel gespielt.

Karussell

Es bedarf keines großen technischen Aufwandes, um ein Spielzeugkarussell zu bauen. Am wichtigsten ist, daß es sich drehen läßt, und dazu genügt ein Holzknopf, mit dessen Hilfe man den Mechanismus in Gang setzen kann.

Gestell

Die entscheidenden Konstruktionsteile des Karussells sind zwei runde Buchensperrholzplatten von 6 mm Dicke. Ihr Durchmesser beträgt in dem abgebildeten Modell (Abb. 114) 170 mm, d. h. man zeichnet die Kreise mit dem Zirkel auf das Holz mit einem Radius von 85 mm. Die Verbindung der Platten erfolgt durch ein Rundholz (Durchmesser 20 mm, Länge 150 mm). An der unteren Platte wird es in der Mitte festgeleimt und von unten her verschraubt. Will man das Karussell auseinandernehmbar bauen, dann sägt man aus 20 mm dickem Holz einen passenden Ring, den man auf der unteren Platte befestigt, und in dessen Öffnung man das Rundholz steckt, anstatt es festzuschrauben. So ist auch die Befestigung auf dem Bild zu verstehen.
Auf die obere Platte klebt man den Drehknopf und bohrt von unten her genau in der Mitte der Platte ein senkrecht verlaufendes Loch, durch das später die Platte passend auf einen kopflosen Nagel, der in das Rundholz geschlagen wurde, gesteckt wird. An dieser Stelle muß die Platte drehbar sein, und man muß beim Ausrichten eventuell das Loch noch etwas nachbohren.

Figuren

Als Karussellfiguren wurden hier Reiter gewählt. Man kann sich aber ebensogut etwas anderes ausdenken. Für die Reiter sind Vorlagen vorhanden (Abb. 115). Man fertigt sie ebenso wie die Holztiere, allerdings aus nur 10 mm dickem Holz. Die Dynamik des Spielzeuges deutet man auch durch die verschiedenen Bewegungsphasen der Reiter an.

Aufhängung

Es handelt sich um ein Kettenkarussell, und man könnte auch hier Ketten zur Aufhängung verwenden. Wegen der Kleinheit des Modells wurde für diesen Zweck Bindfaden gewählt, mit dem man mehr Ausgleichsmöglichkeiten hat. Die Karussellpferde (oder andere Figuren) werden an passenden Stellen vorn und hinten (hier an den Ohren und dem Schwanz) durchbohrt. An der oberen Platte werden nur vier gleichmäßig verteilte Löcher gebraucht, weil dort jeweils zwei Aufhängefäden zusammengefaßt werden.
Man verbindet Figuren und Deckplatte, indem man zunächst die Fäden durch die Löcher der Deckplatte steckt und mit Knoten befestigt. Nach unten bleiben sie zunächst so lang, daß ein späteres Ausrichten noch möglich ist. Die Enden werden durch die Aufhängelöcher der Figuren gesteckt und provisorisch verknotet. Anfangs hängen die Pferde (oder andere Figuren) noch ungleichmäßig. Durch Verlegen der Knoten lassen sie sich nach Augenmaß oder mit dem Zollstock in gleiche Höhe bringen. Überstehende Bindfadenstücke schneidet man jetzt ab.

*Abb. 115: Vorlagen für die Karussellpferde
(Holzstärke 10 mm).*

Spielen

Beim Spielen setzen die Kinder das Karussell meist in schnelle Bewegung. Dabei werden die Figuren durch die Zentrifugalkraft weit weggeschleudert. Beim Zurückfallen nach dem Anhalten schlagen sie oft heftig zusammen. Deshalb ist es wichtig, die Maserung des Holzes für die Figuren günstig zu legen. Bei den Pferden sollte sie senkrecht verlaufen. Wer ein sehr stabiles Spielzeug schaffen will, der sägt die Figuren besser aus 10 mm dickem Sperrholz aus.

Schiffsschaukel

Eine Schiffsschaukel ist ein weiteres beliebtes Spielzeug aus dem Rummelplatzbereich. Obwohl die Konstruktion denkbar einfach ist, treten bei der Ausführung doch häufig Schwierigkeiten auf. Deshalb werden hier genauere Bauanweisungen gegeben.

Gestell

Das Gestell soll einfach sein, aber durch die Bewegungen beim Spielen nicht umkippen. Die Basis bildet ein schweres Grundbrett in den Maßen des Bauplanes (Abb. 116). Den Rahmen bauen wir aus kräftigen Leisten. Dabei genügt es, die Seitenbalken durch die Grundplatte und den Trägerbalken mit langen, dünnen Nägeln (vorbohren!) zu befestigen. Etwas Weißleim erhöht die Festigkeit der Verbindungen.
Wenn gut gearbeitet wurde, sind die Schrägbalken an der Basis nicht erforderlich. Es sieht aber besser aus, wenn wir sie trotzdem einfügen. Sie werden in der Gehrungslade schräg zugeschnitten und wenigstens mit Kontaktkleber angeleimt, besser noch mit dünnen Nägeln befestigt.
Aber das Nageln auf den schrägen Stücken ist nicht leicht, weil sie unter dem Druck des Nagelns gegeneinander verrutschen können. Deshalb nagelt man möglichst erst, wenn der Leim abgebunden hat.

Schaukeln

Die Schaukeln sind aus Holzresten mit der Feinsäge ausgeschnitten und mit Sandpapier zurechtgeschliffen worden. Die Männchen in den Schaukeln wurden lediglich in Andeutungen ausgearbeitet. Es sind eigentlich nur Köpfe und Oberkörper. Man raspelt und feilt sie wie Holzpuppen aus Rundholz. Da es sehr viele sein müssen, kann man sie auch auf einer Drehbank anfertigen lassen. Das Zusammensetzen der Männchen mit den Schaukeln geschieht mit Leim und Nageldübeln entsprechend den Arbeiten beim Schaukelpferd.

Aufhängung

Grundsätzlich kann man hier ähnlich verfahren wie bei der Aufhängung der Karussellfiguren, und zwar mit Bindfaden. Interessanter ist jedoch die Verwendung feiner Ketten. Wir messen aus, welche Gesamtlänge wir zur Montage brauchen werden und besorgen uns ein reichlich bemessenes Stück.
An den Trägerbalken schrauben wir an den angegebenen Stellen Rundhaken (Ösen) ein, die wir zur Montage mit der Zange so weit aufbiegen, daß sich die Ketten einhängen lassen. Für jede Schaukel hängen wir jetzt zwei Ketten ein, die jeweils von der Schaukel zum Balken und wieder zurück reichen. Danach werden alle Kettenstücke auf dieselbe Länge geschnitten, was durch die Gleichmäßigkeit der Kettenglieder auch leicht möglich ist.
Es bleibt noch die Befestigung der Schaukeln am jeweils untersten Kettenglied. Die Aufhängepunkte an der Schaukel zeichnet man sich durch eine Schablone vor, denn ein späteres Ausrichten ist bei den Ketten im Gegensatz zum Bindfaden nicht mehr möglich. Die Befestigung erfolgt mit Nägeln, deren Köpfe so groß sind, daß die Kettenglieder nicht darüberrutschen. Zum Schluß biegt man die Ösen wieder zusammen, damit beim Spielen (Abb. 117) die Ketten nicht herausspringen.

Wenn man schönes Holz verwendet, kann man sich oft nicht entschließen, es zu bemalen. Andererseits kann gerade durch eine Bemalung das Spielzeug im Aussehen gewinnen.

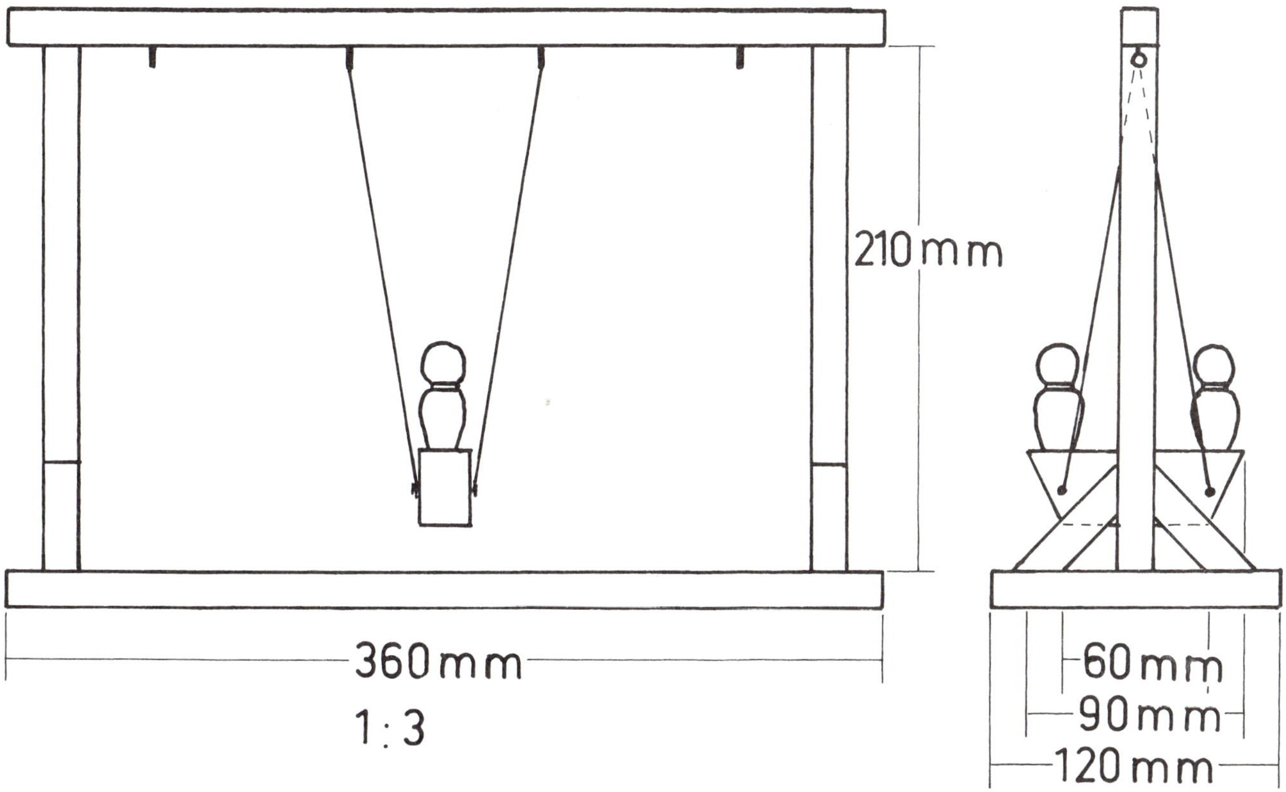

Abb. 116: Bauplan für die Schiffsschaukel.

Abb. 117: An den Ketten lassen sich die Schiffe der Schaukel leicht in Schwingung versetzen.

Riesenrad

Faszinierend ist auf einem Rummelplatz immer ein Riesenrad. Der Wunsch, es als Spielzeug nachzubauen, ist daher verständlich. Die Frage ist nur, ob die Technik oder die Ästhetik im Vordergrund stehen sollen. In den Rahmen unserer Holzspielsachen paßt nur ein technisch sehr einfach konstruiertes Riesenrad.

Gestänge

Bei der Konstruktion des Gestänges gehen wir davon aus, daß jede bewegliche Stelle die technischen Probleme erhöhen würde. Wir fertigen deshalb die beiden Gestänge, zwischen denen die Gondeln aufgehängt werden, aus jeweils einem Stück.
Die Übertragung der Formen aus dem Bauplan (Abb. 118) erfolgt mit dem Zirkel auf dünnes Sperrholz. Dazu zeichnet man einen Kreis mit dem Radius von der Achse bis zu einer Ecke (160 mm). Durch den Mittelpunkt wird eine Hilfslinie gezeichnet, von deren Schnittpunkten mit dem Kreis man nach beiden Seiten mit dem Zirkel den Radius auf der Kreislinie abträgt.
Man erhält dadurch die sechs Ecken in gleichem Abstand voneinander. Zum Zeichnen des Gestänges benutzt man eine 10 mm starke Leiste. Man legt sie so an die Eckpunkte an, daß man nacheinander Außen- und Innenkanten zeichnen kann. Auch die Streben zur Mitte hin werden mit dieser Leiste angezeichnet, und zwar durch Ausrichten an den Ecken nach Augenmaß.
Der Innenteil, an dem die Achse befestigt werden soll, wird mit dem Zirkel eingezeichnet.
Die Außenformen sägt man mit der Feinsäge, die Innenformen mit der Laubsäge aus. Wenn wir ein Teil fertig haben, brauchen wir es nur als Schablone für das zweite auf das Holz zu legen und nachzuzeichnen. Da sich Ungenauigkeiten dabei verstärken, ist eine Korrektur mit der Leiste wie beim ersten Teil notwendig, ehe man auch dieses Teil aussägt.
Man schleift die Gestänge so gut es geht sauber und fügt sie zunächst mit einem Stück Rundholz von ca. 25 mm Durchmesser und 60 mm Länge zusammen, indem man die Ecken der beiden Seitenteile zueinander nach Augenmaß ausrichtet.

Gondeln

Die Gondeln kann man genauso fertigen wie die Schaukeln der Schiffsschaukel. Sie werden nur etwas kürzer (80 mm statt 90 mm) gesägt. Auch die Männchen sind wieder die gleichen. In der Aufhängung der Gondeln verfahren wir anders als bei den Schaukeln. Die Bewegung erfolgt hier zwischen dem Gestänge, so daß wir bis dorthin starr verbinden können. Wir schneiden uns 57 mm lange Leistenstücke zurecht, die dann zwischen die Gestänge eingepaßt werden. Die Verbindung zwischen Gondel und Leiste nehmen wir mit dünnem Rundholz vor, das wir in Bohrungen einleimen. Die Leiste wird dazu ganz durchbohrt und das Rundholz so weit durchgeschoben, bis es bei allen Gondeln eine gleichlange Verbindung schafft. Den überstehenden Teil des Rundholzes sägen und schleifen wir nach dem Abbinden des Leimes an der Leiste ab.

Abb. 118: Bauplan für das Riesenrad.

146

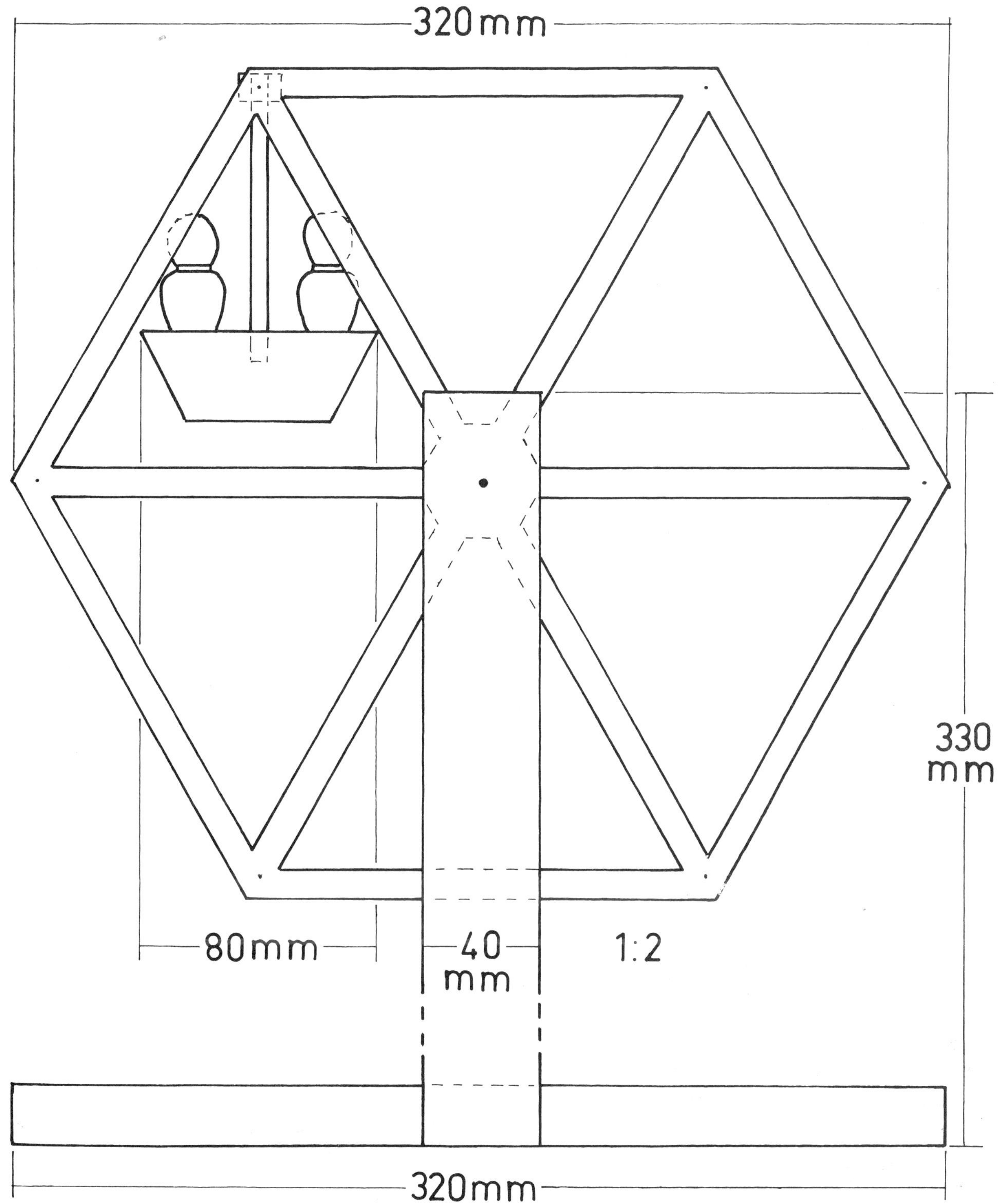

147

Abb. 119: Das fertige Riesenrad zeigt, daß auch hier die „Kunst des Weglassens" angewendet wurde.

Aufhängung

Zunächst muß das Gestänge in einem Gestell aufgehängt werden. Es wird nach Plan gearbeitet, wobei die beiden Holme reichlich Platz für das Gestänge freilassen müssen. Das bedingt, daß man diese seitlich an ein 75 mm breites schweres Grundbrett befestigt. Das Gestänge wird jetzt durch die Holme festgeschraubt.

Damit das Riesenrad gleichmäßig läuft und nirgends schleifen kann, werden an jeder Seite bis zu vier Unterlegscheiben zwischen Holm und Gestänge eingefügt.

Danach hängt man die Gondeln zwischen den Gestängen an den Ecken auf, an denen man an vorgezeichneten Stellen mit dem Drillbohrer die Löcher dafür gebohrt hat. Man benutzt dazu

Abb. 120: Der Verzicht auf zusätzliche mechanische Antriebsteile verhindert, daß zu lebhaft mit dem Riesenrad gespielt wird.

kräftige Messingnägel. Die Stelle, an der der Nagel in die Aufhängeleiste treffen soll, wird jeweils kräftig mit dem Stichel markiert, damit man sie auch trifft. Zwischen Gestänge und Leiste fügt man jeweils eine Unterlegscheibe ein.

Bemalung

Wir haben das aus Kiefernholz gefertigte Riesenrad (nur die Männchen sind aus Buche) nicht bemalt und nicht lackiert (Abb. 119). Es sieht frisch gefertigt sauber und schön aus. Wenn aber viel damit gespielt wird, nimmt das Holz schnell Schmutz an und wird unansehnlich. Deshalb sind Bemalen und Lackieren wie schon bei den anderen Modellen empfehlenswert.

Spielen

Auch beim Riesenrad werden die beweglichen Teile durch schnelles Drehen nach außen geschleudert (Abb. 120). Die vorgeschlagene Konstruktion ist mechanisch gesehen sehr einfach. Man muß ins Gestänge fassen, um das Rad zum Drehen zu bringen. Andererseits verleiten zusätzliche Antriebsteile zum lebhaften Spielen, wozu diese Ausführung nicht stabil genug ist.

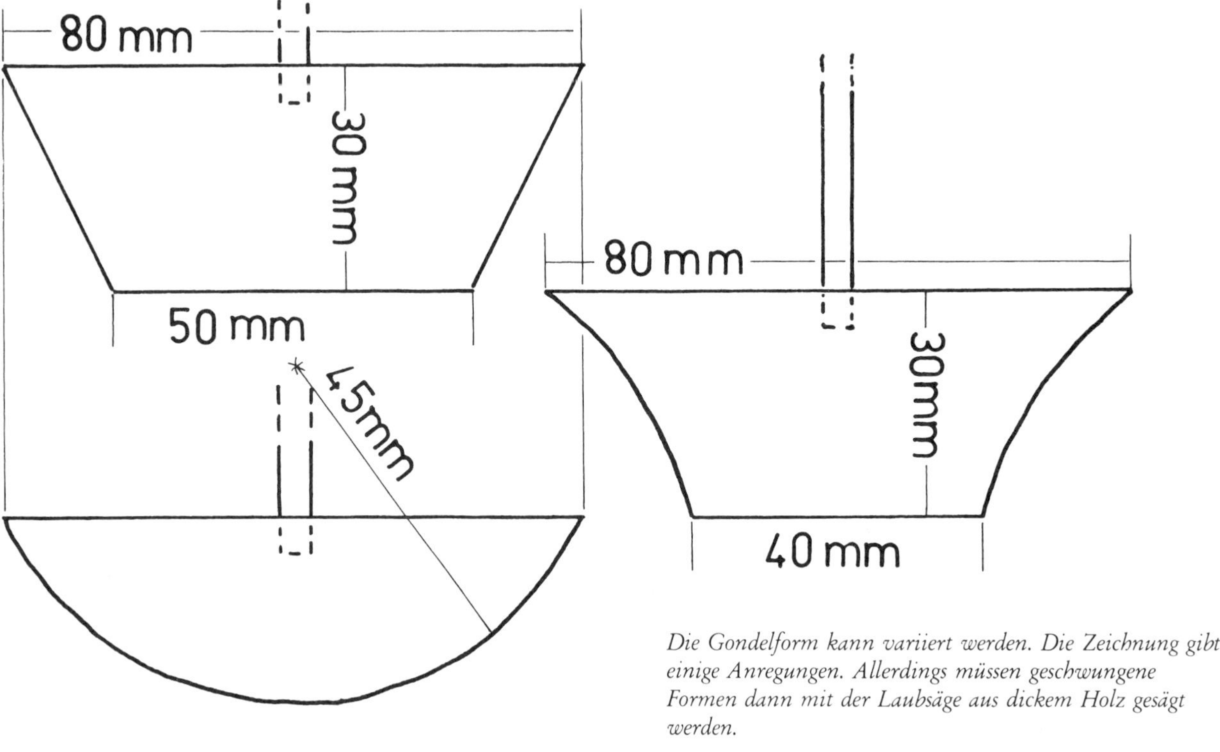

Die Gondelform kann variiert werden. Die Zeichnung gibt einige Anregungen. Allerdings müssen geschwungene Formen dann mit der Laubsäge aus dickem Holz gesägt werden.

Schiffe

Im Grunde ist es ganz leicht, Holzmodelle zu fertigen, die Schiffe darstellen. Doch können wir uns nicht damit begnügen, funktionslose Stücke herzustellen. Ein Schiff muß schwimmen. Darauf sollte man in erster Linie bedacht sein. Die Aufwendigkeit der Gestaltung kommt erst an zweiter Stelle. Aus diesem Grunde sind hier nur sehr einfache Modelle, gewissermaßen die Grundformen, dargestellt.

Rindenschiffchen

Die dicke Rinde (Borke) der Kiefern läßt sich leicht durch Schnitzen bearbeiten. Es ist kein großes Problem, mit dem Taschenmesser kleine Schiffchen daraus zu schnitzen (Abb. 121). Wir suchen uns im Wald geeignete Borkenstücke. Man sollte darauf achten, daß sie in sich fest sind und nicht schon beim Prüfen mit den Händen zerbröckeln. Sie würden dann beim Schnitzen gänzlich auseinanderfallen. Die Stücke sollten einigermaßen dick und breit sein. Die Länge ist meist von Natur aus ausreichend.

Schon im Wald kann man mit dem Schnitzen beginnen, damit die reichlich anfallenden Abfälle nicht ins Haus geschleppt werden. Die Formgebung erfolgt ausschließlich nach Augenmaß. Es kommt gar nicht darauf an, hier geometrisch exakte Figuren herzustellen. Wenn das Borkenstück die Form eines Bootsrumpfes angenommen hat, bohren wir mit der Messerspitze ein

Abb. 121: Rindenschiffchen lassen sich mit dem Taschenmesser schnitzen.

Loch an der Oberseite und fügen ein angespitztes Stöckchen als Segelmast hinein. In ein größeres Blatt schneiden wir zwei Löcher und ziehen es als Segel über das Stöckchen. Schon draußen in einem Bach oder einem anderen Gewässer können wir mit den Kindern die fertigen Schiffchen schwimmen lassen. Es wird wahrscheinlich erforderlich sein, den Mast mit dem Segel noch zu richten, damit das Schiff nicht „Schlagseite" bekommt. Diese Art von Schiffchen schließt an das Waldspielzeug (Abb. 5 und 6) an.

Dampfer

Ein Schiff im Stil unserer Holzspielsachen soll der Dampfer aus Holzklötzen werden (Abb. 122). Er ist im Rumpf flach gehalten. So kann man mit ihm auf einer ebenen Fläche oder im Wasser spielen.

Abb. 122: Dampfer aus Holzklötzen.

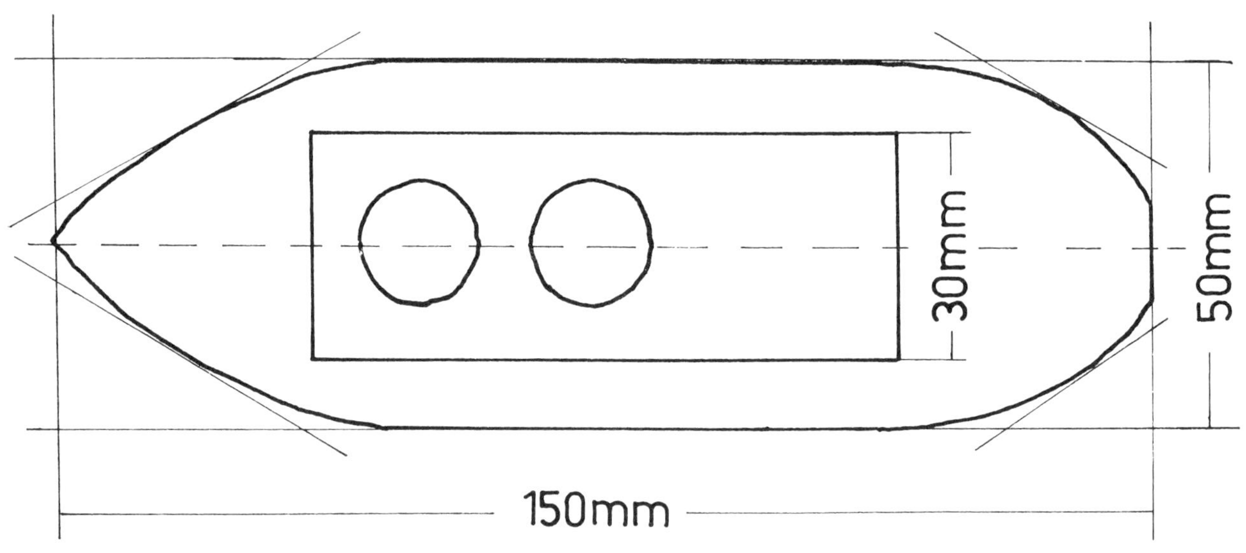

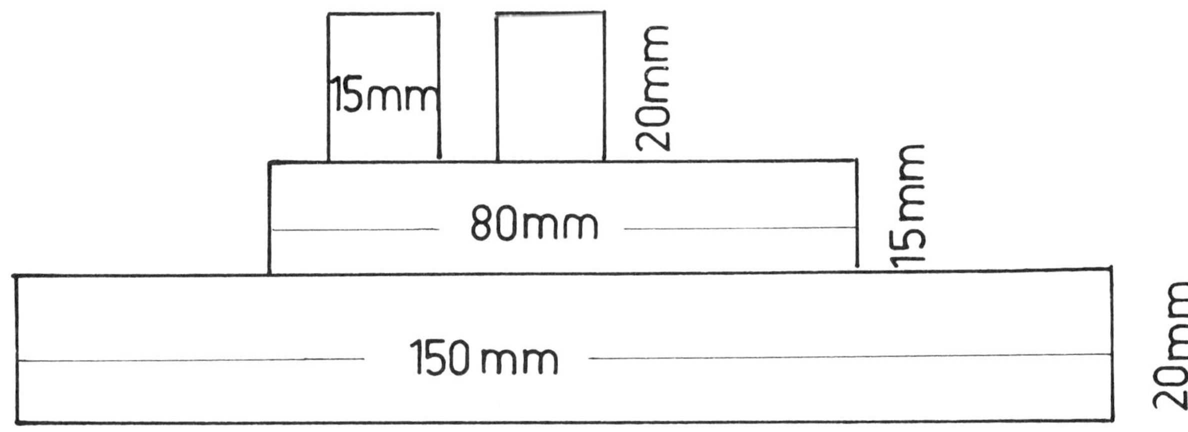

Abb. 123: Bauplan für den Dampfer; oben Aufsicht, unten Seitenansicht.

Die Umrisse für den Schiffskörper zeichnet man zur Hälfte auf ein gefaltetes Blatt Papier. In dem Bauplan (Abb. 123) ist die Faltlinie gestrichelt dargestellt. Beim Ausschneiden erhält man beide Hälften zugleich, und zwar symmetrisch. Wir beachten, daß die Schablone an den Längsseiten geradlinig sein soll. Dadurch erspart man sich später viel Arbeit. Am günstigsten benützt man ein zugeschnittenes Holzstück von 50 mm Breite und 20 mm Dicke. Dann brauchen nur noch die Rundungen ausgesägt zu werden. Man kann dies mit der Laubsäge tun. Ist man mit dem Sägen

154

von dickem Holz nicht so vertraut, dann kann man auch an den angezeichneten Linien entlang gerade mit einer Feinsäge abschneiden und den Rest der Rundungen mit der Raspel herausarbeiten.

Das Zuschneiden des Holzes für den Aufbau ist problemlos, da nur gerade Linien zu sägen sind. Die Schornsteine schneidet man aus 15 mm starkem Rundholz.

Die Teile werden sorgfältig mit Sandpapier geschliffen. Anschließend klebt man sie mit Kontaktkleber zusammen. Wir können das fertige Schiff bemalen oder wie in der Abbildung roh lassen. Auf jeden Fall muß es zweimal mit Holzeinlaßgrund behandelt werden, denn das Schiff soll ja im Wasser benutzt werden.

Der fertige Dampfer hat im Wasser einen ziemlichen Tiefgang. Aber bei der vorgegebenen Konstruktion sind diese Verhältnisse vertretbar. Bei Änderungen in der Ausführung sollte man die Aufbauten nur dann schwerer machen, wenn man gleichzeitig die Grundplatte dicker fertigt.

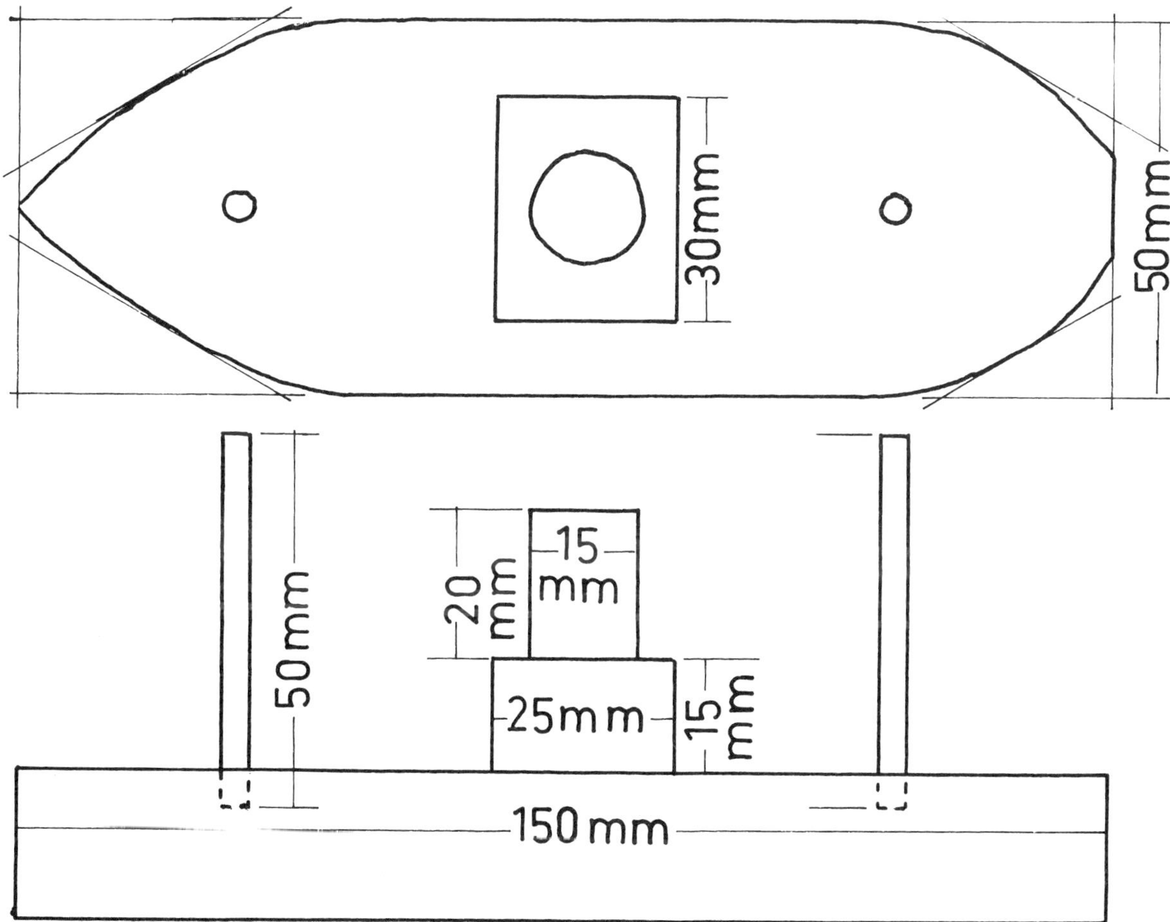

Abgeänderter Bauplan. Die Aufbauten stellen hier ein Frachtschiff dar.

Segelschiff

Dieselbe Grundplatte kann man leicht auch zu einem Segelboot ausbauen (Abb. 124). Man läßt die Aufbauten fort und setzt stattdessen einen 4 mm starken Rundholzstab als Mast ein. Zwei Bohrungen (Drillbohrer) ermöglichen es, das Segel an ihm zu befestigen. Dieses schneiden wir aus einem passenden Stück Stoff aus. Gespannt wird es durch Anbinden an einen Messingnagel am Heck des Schiffes. Wenn man den Mast genügend lang schneidet, kann man an der Spitze auch noch ein Fähnchen anbringen.

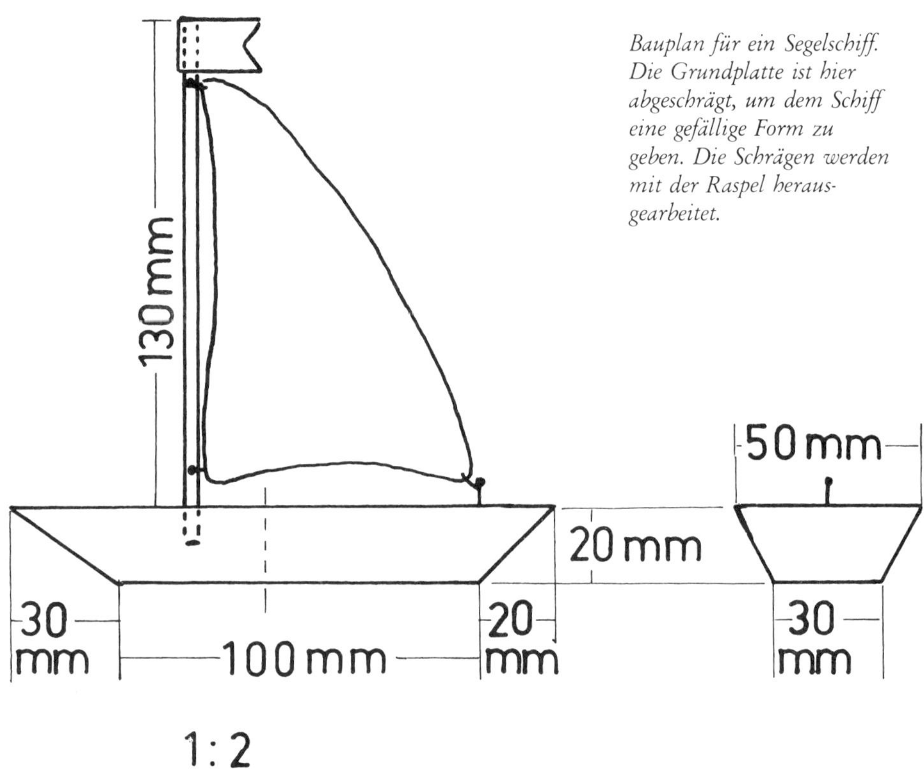

Bauplan für ein Segelschiff. Die Grundplatte ist hier abgeschrägt, um dem Schiff eine gefällige Form zu geben. Die Schrägen werden mit der Raspel herausgearbeitet.

Das Segelschiff hat wegen der fehlenden Aufbauten weniger Tiefgang. Mit beiden Schiffen läßt sich im Wasser oder auf glatten Flächen gut spielen. Obwohl das Schiffchenbauen kaum einen Plan erfordert, sollten hier erste Anregungen gegeben werden. Eine Vergrößerung der „Flotte" mit anderen Konstruktionen, die man selbst entwirft, sollte folgen.

Abb. 124: Aus derselben Grundplatte wie für den Dampfer läßt sich leicht auch ein Segelboot bauen.

Nachwort

Die Arbeiten, zu denen dieses Buch anregen soll, scheinen sehr einfach zu sein. Es ist jedoch eine alte Erfahrung, daß das, was einfach aussieht, das Ergebnis eines langen und mühsamen Weges ist. Es kann deshalb auch nicht behauptet werden, daß die Herstellung von Holzspielzeug eine Angelegenheit von gelegentlicher und schneller Beschäftigung sei. Alles muß geübt werden, bis es zufriedenstellende Ergebnisse bringt. Wer aber gelernt hat, ordentlich mit einer Laubsäge zu arbeiten, wird die Technik nicht mehr vergessen. Noch nach jahrelanger Pause gelingt einem die richtige Haltung der Säge.

Die Herstellung von Holzspielzeug erfordert Geduld. Aber wenn man das erste Werkstück fertig bekommen hat, wird man sicher den Wunsch verspüren, weitere herzustellen. Man kann und soll daran Freude haben. Diese Art von Freizeitbeschäftigung hat den Vorteil, daß das Ergebnis sichtbar und dauerhaft vor einem steht. Es ist nicht vergänglich.

In dem Buch werden verhältnismäßig wenige Modelle vorgestellt. Das ist beabsichtigt und dient dem Zweck, dem eigenen schöpferischen Arbeiten noch Raum zu lassen. Erst, wenn man sich von einer Vorlage lösen kann, findet man die volle Bestätigung seiner Tätigkeit.

Wer sich mit Holzarbeiten beschäftigt, bekommt bei der Arbeit meist eine so starke Beziehung zu seinen Geschöpfen, daß er diese ungern fortgibt. So kann es passieren, daß man eigentlich Kinderspielzeug herstellen wollte, es aber als Erwachsener selbst behält. Das ist ganz natürlich, denn bei der hier bewußt empfohlenen Handarbeit fällt kein Stück wie das andere aus.

Man stelle sich vor, daß man eine Puppe aus der Gruppe der Abb. 91 verschenken soll. Man wird sich sehr schwer entscheiden können. Ist dann eine Puppe tatsächlich fort, dann hat man so etwas wie ein schlechtes Gewissen dem Geschöpf gegenüber. Man kann natürlich jedes Modell nach Bedarf nachbauen . . .

Register